AS FRUTAS DE JORGE AMADO
OU
O LIVRO DE DELÍCIAS DE FADUL ABDALA

Paloma Jorge Amado

AS FRUTAS DE JORGE AMADO OU O LIVRO DE DELÍCIAS DE FADUL ABDALA

FOTOS:
Maria Sampaio
Silvestre Silva

PROJETO GRÁFICO:
Moema Cavalcanti

Companhia Das Letras

Copyright © 1997 by Paloma Jorge Amado

Capa:
Moema Cavalcanti

Ilustrações:
Conceição Cahu

Preparação:
Carmen Simões da Costa

Revisão:
Cláudia Cantarin
Ana Maria Barbosa

Dados Internacionais de Catalogação na Publicação (CIP)
(Câmara Brasileira do Livro, SP, Brasil)

Costa, Paloma Jorge Amado
  As frutas de Jorge Amado ou O livro de delícias de Fadul Abdala / Paloma Jorge Amado; fotos de Maria Sampaio. — São Paulo : Companhia das Letras, 1997.

  Bibliografia.
  ISBN 85-7164-732-1

  1. Culinária 2. Culinária (Frutas) I. Sampaio, Maria. II. Título III. Título : O livro de delícias de Fadul Abdala

97-5019   CDD-641.64

Índices para catálogo sistemático:
1. Culinária: Frutas: Economia doméstica 641.64
2. Frutas: Culinária: Economia doméstica 64.164

1997

Todos os direitos desta edição reservados à
EDITORA SCHWARCZ LTDA.
Rua Bandeira Paulista, 702, cj. 72
04532-002 — São Paulo — SP
Telefone: (011) 866-0801
Fax: (011) 866-0814
e-mail:coletras@mtecnetsp.com.br

Quando eu era menina, gostava muito de brincar de "Personalidade".
Tratava-se de adivinhar quem era a pessoa escolhida através da semelhança que tinha com bichos, plantas, comidas, cores etc. Perguntava-se: *Se fosse uma fruta, que fruta seria?*. Como na brincadeira, dedico este livro a:
Mariana, uma ameixa suculenta;
Cecília, uma melancia refrescante;
Mamãe, uma pitanga perfumada;
Papai, uma jaca generosa;
Ana Lúcia Niemeyer, um coco verde com sua água que alimenta;
Auta Rosa, um tamarindo de encher a boca d'água;
Balbina Alves, uma jabuticaba como os seus olhos;
Calasans Neto, um caqui, que em Portugal chama-se dióspiro;
Célia Aguiar, um abacaxi docinho;
Eduardo Lago, um abiu do seu jardim no Olho d'Água;
Eduardo Portella, uma laranja sangüínea, vinda da Espanha;
Márcio Amaral, uma manga-rosa na forma de coração;
Maria Sampaio, um abacate da fazenda de Tutu;
Maria Tornaghi, todas as frutas cítricas,
difícil escolher entre a laranja, o limão e a grapefruit;
Misette Nadreau, o abricó-do-pará e o *abricot*
unidos num mesmo fruto franco-brasileiro;
Ruth Steiner, um cupuaçu do Pará.
Todas essas frutas me alimentam de amor, de amizade,
com doçura e generosidade.
Lembro com amor e saudade de
Norma e Mirabeau Sampaio, amigos mais do que queridos, laranja e mamão;
e de Juraci Nercy, minha amiga, um jambo.
Pensando neles escrevi este livro.

Minha mãe criava jacus e mutuns em meio às galinhas.
Cabras e carneiros, vacas leiteiras. Algumas fazendas exibiam pomares,
plantados atrás da casa-grande:
pés de laranja, tangerina, lima, carambola, pinha, graviola, jambo,
pitanga, manga, caju. As jaqueiras, os sapotizeiros, os pés de umbu
e cajá faziam parte da mata virgem — a jaca era a fruta principal,
delícia para a família, boa ração para as vacas e os burros.

(Jorge Amado, *O menino grapiúna*)

E que melhor comparação, para o deleite da leitura desse baiano
da peste, que o comer mangas, os dentes mordendo fundo a carne da fruta,
a terebintina escorrendo pelo queixo no seu amarelo pungente,
a gulodice de enxugar o caroço até o fim...

(Vinicius de Moraes, em artigo sobre *A morte e a morte
de Quincas Berro D'água*, *Última Hora*, Rio de Janeiro, 1959)

Da manga-rosa quero o gosto e o sumo,
Mamão maduro, sapoti, juá,
Jabuticaba, seu olhar noturno,
Beijo travoso de umbu-cajá.

(Vicente Barreto e Alceu Valença, "Morena tropicana")

SUMÁRIO

Onde jacas olorosas, cacaus dourados, mangas espada, rosa, itiúba, carlota e coração-magoado, e muitas outras frutas, se misturam com personagens de romance e fazem a festa — 15

A jaca de cabo Martim — 23

As frutas de Jorge Amado — 29

ABACATE — 33
Cadê o creme de abacate? — 33
Guacamole à maneira de Zélia Gattai — 34
ABACAXI — 35
A coroa do rei — 35
Camarão à senzala — 37
ABIU — 38
O gostoso doce de abiu — 38
ARAÇÁ — 40
Os araçás de Tieta — 40
Pio IX de araçá — 42
BANANA — 43
A musa paradisíaca — 43
Bolo de banana da Juraci — 46
CACAU — 47
O senhor das terras grapiúnas — 47
Suflê gelado de chocolate — 49

CAJÁ — 51
A fruta da cor de Oxum — 51
CAJARANA — 53
Fruta como brinquedo — 53
Doce de cajarana da ilha da Reunião — 54
CAJU — 55
A 'rosca de caju — 55
Caril aos três cajus — 57
CANA-DE-AÇÚCAR — 58
Caymmi e o caldo de cana — 58
Abacate com mel de cana — 59
Cocada-puxa — 60
CARAMBOLA — 61
Uma árvore de estrelas — 61
COCO — 63
Na culinária baiana e nas florestas da Birmânia — 63
Farofa de coco indonésia — 64
FRUTA-PÃO — 65
Na paisagem da BR-101 — 65
Suflê de fruta-pão — 67
GOIABA — 68
A goiabeira de Tereza Batista — 68
Bifes de vitela com goiaba — 69
GRAVIOLA — 70
Um coração verde — 70
Beignet de graviola — 71
GROSELHA — 72
O doce de dona Canô — 72

JABUTICABA — 74
A jabuticabeira da escola de Zélia — 74
Kir Royal de jabuticaba — 75
JACA — 76
Vamos comer uma jaquinha? — 76
JAMBO — 78
O comércio de Jorginho — 78
JENIPAPO — 80
O licor do São-João — 80
Jenipapada — 81
JURUBEBA — 82
Jurubeba Leão do Norte — 82
LARANJA — 83
A dentadura de casca de laranja — 83
Rocambole de laranja à minha maneira — 84
LIMA-DA-PÉRSIA — 86
Lima-da-peça — 86
LIMÃO — 87
Meu pé de jacarandá?! — 87
Doce de limãozinho do Piauí — 88
MAMÃO — 90
Mirabeau e a fruta oca — 90
Frigideira de mamão verde — 91
MANGA — 93
Vovó Angelina e vovó Eulália chupam
manga à meia-noite — 93
Chutney de manga da Joraci — 95
MANGABA — 97
Chico Andrade acompanhava a comida com
mangaba fresca — 97
Doce de mangaba — 98
MARACUJÁ — 99
A fruta da paixão nas Antilhas — 99
Pudim de maracujá de dona Teresa — 100
MELANCIA — 101
Carla passou por aqui! — 101
PINHA E CONDESSA — 103
A pinha sem caroço — 103
Pinha ao rum — 105
PITANGA — 106
A fruta mágica — 106

Charlote de pitanga — 107
SAPOTI E SAPOTA — 108
No jardim da casa do Rio Vermelho — 108
Pudim de sapoti — 109
TAMARINDO — 110
No bar do Deolino — 110
TANGERINA — 112
A receita de *nonno* Eugênio — 112
Gomos de tangerinas espelhados — 113
UMBU — 114
A árvore que dá de beber — 114

As frutas do Norte — 117

ABRICÓ-DO-PARÁ — 121
O doce natural — 121
Doce cru de abricó-do-pará — 122
BACURI — 123
O gosto do Maranhão — 123
Gelatina de bacuri da Nazareth — 124
CUPUAÇU — 125
O primo do cacau — 125
JUÇARA (AÇAÍ) — 126
A fruta que é terra e força — 126

Frutas estrangeiras — 127

FIGO — 131
Turista americano — 131
Figos agridoces — 132
GRAPEFRUIT — 133
No café da manhã — 133
Sorbet de grapefruit e Campari — 134
LICHI — 135
A prima chinesa da pitomba — 135
Panquecas chinesas com lichi — 136
MAÇÃ — 137
A maçã da Panair do Brasil — 137
Salada de camarão com maçã à minha
maneira — 138

MANGOSTÃO — 139
Nec plus ultra — 139
Sorbet de mangostão com champanhe — 140
PÊRA — 141
As peras de Santiago de Compostela — 141
Salada verde com pêra e parmesão — 142
PÊSSEGO — 143
Lucas Arvoredo e o doce de pêssego — 143
Suflê gelado de pêssego — 144
TÂMARA — 146
O turco Jorge Ahmad — 146
Maamoul com tâmaras — 147
UVA — 149
A uva-itália do vale do São Francisco — 149
Salada de cenouras com passas — 150

Receitas gerais — 151

BEBIDAS — 155
Batidas — 155
Batida de fruta — 156
CAIPIRINHAS & 'ROSCAS — 157
Caipirinha & 'rosca — 158
LICORES — 159
Licor de fruta — 160
REFRESCOS E SUCOS — 161
VITAMINAS COM OU SEM LEITE — 163
Vitamina de fruta — 164
DOCES — 165
Doces em calda — 167
Doce em calda fina — 169
Doce em calda grossa — 170
FRUTAS CRISTALIZADAS — 171
Fruta cristalizada — 171

DOCES DE MASSA — 173
Doce de massa — 174
GELÉIAS — 175
Geléia de fruta — 176
Geléia de fruta com pedaços — 177
CREMES & MUSSES — 178
Cremes — 178
Creme de fruta — 179
MUSSES — 180
Musse de fruta — 182
SORVETES — 183
Sorbets e *glaces* — 183
Sorvete muito simples de fruta — 184
Sorvete de fruta, feito com açúcar — 184
Sorvete de fruta, feito com calda — 185
Sorvete cremoso de fruta — 185
SALADAS DE FRUTAS — 186
Salgadas e doces — 186
Minha salada de frutas preferida — 187

A casa das frutas
(um último caso para arrematar) — 189

Bibliografia — 195

ÍNDICE DE RECEITAS — 197
ÍNDICE DE LIVROS
E DE PERSONAGENS — 198
ÍNDICE DE PESSOAS E LUGARES — 200
ÍNDICE DE FRUTAS
E INGREDIENTES — 203

O que Jorge Amado dá de comer e de beber a seus personagens? Busquei resposta para esta pergunta analisando sua obra do ponto de vista do alimento. De 1987 a 1992 fiz um minucioso levantamento, livro a livro, e depois uma análise acurada dos dados. Deparei-me com a culinária baiana, rica e mestiça, em suas duas feições originais: aquela do dia-a-dia do povo baiano e a outra, ritual e mística, que alimenta os orixás e seus filhos nos candomblés. Mas não se limita a pratos elaborados a alimentação dos personagens de Jorge Amado: com igual importância aparecem as frutas. A culinária do povo da Bahia me levou a escrever *A comida baiana de Jorge Amado ou O livro de cozinha de Pedro Archanjo com as merendas de Dona Flor*, publicado pela Editora Maltese em 1994. Sobre a cozinha ritual pretendo escrever um dia, mas preciso antes ampliar meus conhecimentos a respeito do assunto, tão cheio de mistérios.

Agora venho apresentar as frutas de Jorge Amado, elemento importante que colore e perfuma seus romances, que permite a sobrevivência do homem, pois a terra generosa as oferece em abundância, comida barata nas cidades, de graça nos quintais, fazendas e nos interiores do país, ingredientes preciosos de tantos pratos salgados e doces. Dando cor e aroma aos mercados e às feiras, elas criam ambientes, aproximam personagens, viram mesmo personagens, como acontece com o cacau, poderoso senhor a comandar a vida de trabalhadores e coronéis em tantos romances que contam a saga dos grapiúnas.

Quero mostrar as frutas como elas são, ensinar aquelas receitas comuns a muitas frutas para o preparo de doces, saladas, sucos, batidas e sorvetes, além de buscar um ou outro prato no meu caderno de receitas.

Agradeço de coração a Maria, minha amiga de infância, que fez fotos para este livro; a dona Canô Velloso, minha guru da culinária do recôncavo, pelo doce de groselha, feito especialmente para ser fotografado para este livro; a Eduardo Lago, amigo querido, que enviou de São Luís do Maranhão bacuris, abricós, juçaras e abius para o estúdio de Maria no Chame-Chame, em Salvador; a Ruth Steiner, minha madrinha, pela pesquisa dos produtores de mangostão no Pará; a Arthur Sampaio, que abriu as portas de sua fazenda para as fotografias das frutas no pé; a dona Tereza Murad, pelas receitas do doce de abiu e do pudim de maracujá; a Zélia Gattai, minha mãe, e a Jorge Amado, meu pai, por muitas coisas que me ensinaram e pela busca do mangostão baiano, no município de Una, interrompendo um merecido descanso na ilha de Comandatuba.

P.J.A.

Onde jacas olorosas, cacaus dourados, mangas espada, rosa, itiúba, carlota e coração-magoado, e muitas outras frutas, se misturam com personagens de romance e fazem a festa

Amendoim! Único fruto comido em *O país do Carnaval*, livro de estréia de Jorge Amado. O jovem escritor estava começando, ainda não se dera conta de que os personagens eram mesmo de carne e osso, com sangue e tripas, precisando se alimentar para sobreviver.

Cacau, o segundo livro, traz a vida nas fazendas do Sul da Bahia, onde o cacau impera, domina e define a vida de trabalhadores e coronéis. Plantação de cacau precisa de sombra, e as enormes jaqueiras se encarregam desta tarefa. Jaca e banana em abundância são a sobremesa da carne-seca com farinha, e junto com a cana — e a rapadura que dela é feita — adoçam a boca dos alugados. O coco também está presente, é ingrediente dos doces de milho feitos para o São-João.

A miséria do Pelourinho, em *Suor*, não permite que se fale de frutas. Se elas são a salvação dos pobres no meio rural, pois existem de graça e com fartura na natureza, para a pobreza urbana elas são inacessíveis. "As mães davam pedaços de rapadura e de pão dormido aos filhos." É nessa rapadura de cana-de-açúcar que está a única fruta de *Suor*.

Saveiros transportam abacaxis e sapotis, vão buscá-los no recôncavo ou na ilha de Itaparica. "Do porão sobe um cheiro de abacaxis maduros." É em *Jubiabá* que Jorge Amado apresenta mestre Manuel aos seus leitores; o dono do Viajante sem Porto, com sua mulher Maria Clara, cruza a Bahia de Todos os Santos trazendo frutas para o mercado. Na feira de Água de Meninos, no Mercado Modelo, montes de tangerinas, melancias, laranjas, os sapotis e os abacaxis que vieram no saveiro, os jenipapos que serão usados para fazer licor no São-João, o coco seco que a tia de Antônio Balduíno, Luísa, rala para o munguzá e o mingau de puba.

Ao Viajante sem Porto vem juntar-se o Valente, depois o Paquete Voador, saveiros de Guma e de seu tio Francisco, no transporte das frutas para Salvador: laranja, abacaxi e sapoti são as frutas de *Mar morto*, aquelas que ajudam a sobrevivência dos homens do cais da Bahia.

Em *Capitães da areia* os meninos chupam laranja, bebem aluá de abacaxi nos candomblés, comem cocada. Menino gosta de doce, gosta de sorvete, prazeres caros e raros. Uma vez o Sem-Pernas — seria o mais infeliz do grupo? — se infiltra numa casa rica para preparar um roubo, é tratado como filho, até sorvete lhe dão!

Cacau, banana e jaca reaparecem com o retorno da ação às terras grapiúnas. "Engoliam a bóia, derrubavam uma jaca mole de uma jaqueira qualquer e era a sobremesa." *Terras do Sem Fim* traz também os doces de frutas da casa-grande da fazenda, dona Auricídia à frente da mesa farta da merenda, além dos doces e dos queijos, frutas variadas. E o abacate? O abacate maduro foi Tonico Borges quem ofereceu ao doutor Jessé; em terra de gente pobre o médico não cobra consulta e o doente retribui com presente de fruta bem escolhida no pé.

São Jorge dos Ilhéus dá continuidade a *Terras do Sem Fim*. A banana cozida faz parte do copioso café da manhã da fazenda, feito pela negra Felícia. A banana quase verde, colhida antes do tempo, acompanha a carne-seca do trabalhador: "As maduras já tinham se acabado". Não coma melancia quando estiver com muito calor, é o que ensina Jorge Amado neste livro, ao contar: "Certo dia um morreu porque ao sair tinha a garganta seca e se atirou sequioso em cima de um pedaço de melancia. Morreu feio, de olhos esbugalhados, a boca torcida, bem na porta da estufa branca e linda. — Estuporou… — disseram".

Em *Seara vermelha* é descrita a penosa travessia do sertão através da seca, em direção à esperança de dias melhores no Sul. O casamento de Teresa antecede a partida, na festa pobre há um doce de mamão verde feito pela própria noiva. Durante a caminhada a fome é muita, a única fruta presente é a cana-de-açúcar sob forma de rapadura, e mesmo assim contada, medida. Na chegada a Juazeiro, a alegria das bananas e da melancia. *Seara vermelha* é um dos livros onde se come pêssego, é curioso encontrar a fruta estrangeira no romance da fome. Mais curioso é quem come o pêssego — feito como doce em calda: Lucas Arvoredo, cangaceiro temido, ele e seu bando.

A ação de *Os subterrâneos da liberdade* se passa na cidade de São Paulo dos anos 40. Sua fruta principal é o abacaxi, que aparece como refresco, como sorvete e como vinho. O vinho de abacaxi feito pelo velho Orestes Ristori é bebida com que se comemora o aniversário de Mariana, heroína da história.

Se Gabriela fosse uma fruta, que fruta seria? Seria uma pitanga bem vermelha e perfumada. Comer pitanga é um dos seus prazeres na vida. Junto com a goiaba, a pitanga marca a ingenuidade da personagem, empresta-lhe uma meninice irresistível. Em *Gabriela, cravo e canela* estão os doces e os licores, as frutas em grande variedade na feira semanal de Ilhéus, uma festa.

Tenho repetido que me impressionou o fato de *A morte e a morte de Quincas Berro Dágua* ser um livro de uma só comida: a peixada. Isto é verdade, daí nenhuma fruta ser comida. Mas não se fala de velório sem se falar de licor, e aí está onde ela aparece: na discussão da família sobre como velar Quincas.

Em *O capitão de longo curso* está a primeira receita ensinada por Jorge Amado a seus leitores: grogue, bebida feita de conhaque e laranja, especialidade do capitão Vasco Moscoso. Este é um livro de muitas frutas: as estrangeiras, uvas, maçãs e peras, para dar a uma amante; as nordestinas, tantas as citadas, dadas à namorada nas ruas de Recife; as diferentes, como a jurubeba, com que se faz o famoso vinho de Jurubeba Leão do Norte, e a ginja, cereja portuguesa com a qual se faz licor do mesmo nome, com que o Comandante brindou a comenda de Cavaleiro da Ordem de Cristo.

A fruta que marca o livro *Os pastores da noite* é a jaca. Penso que ela chega a ser um personagem, tal é sua importância na resolução de uma pendência entre Curió e cabo Martim. Ela surge aqui, pela primeira vez, num ambiente urbano; até então ela aparecera nas plantações de cacau, onde, com sua generosidade, aliviava fome e sofrimento dos trabalhadores e das crianças. Agora ela vem aplacar a angústia de Curió, reatar laços de amizade.

Entre as especialidades culinárias de dona Flor estão os doces de frutas e os licores. Estes são tão bem-feitos que doutor Teodoro, seu segundo marido, quando ainda era noivo, pensava que o licor de araçá que bebia era um dos famosos licores das irmãs do Convento da Lapa. Muitas, muitas frutas vivem nas páginas de *Dona Flor e seus dois maridos*: jenipapos, laranjas, sapotis, cajás, limas, umbus, cacaus, cocos, abacaxis — disse dona Nancy a seu Bernabó: "Pero, Bobó, acá tambien hay cosas buenas... Mira los ananazes, por ejemplo... Buenissimos", doida por abacaxis...

Muito se bebe em *Tenda dos milagres*: batida de limão, aluá de abacaxi, licor de cacau, acompanhando a boa cozinha baiana feita no coco e no dendê. Pedro Archanjo, já velho, com seus dentes perfeitos para chupar cana: "Ria um riso de dentes brancos, conservara perfeitos todos os seus dentes, chupava roletes de cana, mastigava jabá".

E Tereza, se fosse uma fruta? Tereza Batista seria uma goiaba, na sua pureza de menina, seria um jenipapo, de gosto forte de quem luta, seria o limão que tempera a moqueca de peixe, que Januário Gereba faz para ela. Em *Tereza Batista cansada de guerra* estão todos os doces de frutas feitos pelas irmãs Moraes: de caju, de manga, de mangaba, de jaca, de goiaba, de araçá, de groselha, de carambola, de abacaxi, de laranja-da-terra e o de banana de rodinha. É também neste romance que a velha Adriana planta em seu pequeno pomar cinco espécies de manga: a espada, a rosa, a carlota, a coração-de-boi e a coração-magoado.

Em *Tieta do Agreste* estão todas as frutas que se possa imaginar, e todos os derivados delas também, da água-de-coco ao queimado de goiaba. Desfilam ante os leitores as frutas frescas em suas variedades, os sorvetes, os doces de pasta, os de calda, as passas, os sucos e refrescos, os licores, as batidas, as bananas-fritas e as frutas-pão cozidas. Tieta é gulosa — se ela fosse uma fruta seria todas elas —, mas não é avara, divide-as com os amigos, divide também seu conhecimento, ensina a Leonora as diferenças entre araçá e goiaba, entre pinha e condessa, o que é jaca-de-pobre, o porquê do nome do doce de banana de rodinha. A fartura é tanta em Santana do Agreste que Perpétua queixa-se com Tieta dos mendigos não aceitarem frutas como esmola: "Não aceitam nem mangas, nem cajus, dizem que ninguém compra, que tem demais, manga não é esmola que se dê, já ouviu?".

Em campanha para a Academia Brasileira de Letras o candidato despende muita adrenalina e muito dinheiro também na compra de cestos de frutas estrangeiras para os acadêmicos. É assim que se passa em *Farda fardão camisola de dormir*. Além da pêra, da uva e da maçã, apenas abacaxi e laranja, na receita do ponche preparado para a festa de eleição.

Mamão, cajá ... As frutas na natureza fazendo o turco Fadul lembrar das tâmaras e das uvas de seu Líbano natal: prefere as cajás amarelas, perfumadas e ácidas, de gosto incomparável. Que lugar lindo, que terra generosa! Ali, ao lado do mamoeiro, Fadul monta sua venda para a cachaça dos passantes, é o ponto de pernoite. Daí se desenvolverá a cidade de *Tocaia Grande* e nesse desenvolvimento estão a plantação de um pomar de laranjas, limão e tangerinas, pelos estancianos, a transformação, pelas mãos mágicas de Cotinha, da jaca em doce, do jenipapo em licor, o creme de abacate feito por Zilda, mulher do capitão Natário.

O sumiço da santa mostra ao leitor o dia-a-dia do baiano de Salvador, com todo o seu sabor — e muito sabor de fruta. A imagem de

Santa Bárbara, a do Trovão, divide espaço no saveiro de mestre Manuel e Maria Clara com abacaxis, cajus e mangas, para vir de Santo Amaro para a cidade da Bahia. Dom Maximiliano, curador do Museu de Arte Sacra, reúne a imprensa para apresentar a famosa imagem, serve sucos variados: umbu, cajá, mangaba, caju, maracujá, graviola e pitanga — a coletiva é pela manhã e bebida alcoólica só à tarde! Na festa da lavagem da igreja do Bomfim, na segunda quinta-feira de janeiro, quem quiser pode encontrar mangas de muitas qualidades, talhadas de abacaxis e melancias, carambolas, jambos e bananas. Manela e Miro comem comida de azeite regada a batida. E é batida também — batida de cajá, uma delícia — que bebe o padre Abelardo Galvão, o cura de Piaçava, no caruru oferecido por Andreza. Rolete de cana, vinho de jurubeba, sorvete de pitanga animam a cidade.

A descoberta da América pelos turcos traz somente o cacau do Sul da Bahia, tão forte e poderoso que transforma sírios e libaneses em grapiúnas convictos.

A jaca de cabo Martim

Era preciso, reafirmava-se Curió, revelar a Martim com os primeiros gestos e as palavras iniciais a gravidade da visita, sua excepcionalidade. Assim sendo, solicitou antes de entrar na sala:

— Com licença…

Jamais amigo algum pedira licença para entrar em casa do cabo. Devia pois Martim dar-se conta do caráter trágico dos acontecimentos apenas Curió entrasse na sala num passo rígido e logo parasse mais rígido ainda, pálido, quase lívido. Mas, para desilusão e desespero do apaixonado camelô, o cabo nada notou, em nada reparou. De todo entregue ao espetáculo de melosa e amarelada visão de uma jaca mole, estendida na mesa. Acabara de abri-la e os bagos recendiam perfumados, o mel escorria sobre um pedaço de jornal posto na mesa para proteger as tábuas, todo o aspecto da fruta dava gula e desejo. Martim nem se voltou, Curió perdia todo o esforço da pose difícil. Ao demais, o perfume poderoso da jaca entrava-lhe pelas ventas, atingia-lhe o estômago, Curió estava em jejum, nada comera naquela manhã de traição e morte.

A voz fraternal de Martim envolveu o amigo:

— Senta aí, mano, vem comer uns bagos de jaca. Tá suculenta.

Curió aproximou-se no mesmo passo medido, o rosto funéreo, uma postura enfática, quase majestosa. Marialva encostara-se à porta do quarto, bem instalada para seguir sem perder detalhe a cena a desenrolar-se. Martim provava um bago de jaca, o perfume enchia a sala, quem podia resistir a esse cheiro? Curió resistia, impávido. Martim voltou-se para ele, finalmente estranhou-lhe a seriedade:

— Aconteceu alguma coisa?

— Não, nada... Tava querendo lhe falar. Para resolver um assunto...

— Pois tome assento e vá falando que estando em minhas mãos tu tá servido...

— É troço sério, é melhor esperar que tu acabe...

Martim voltou a examinar o amigo:

— Tu até parece que engoliu uma vassoura... Pois tá certo, a gente primeiro dá conta da jaca, depois conversa... Senta aí e mete os dedos...

Por entre os dedos do cabo, o mel da jaca escorria, os bagos cor de ouro e o perfume. Nada comera Curió pela manhã, não era ocasião de comer e, sim, de chorar e de fazer das tripas coração. Não tivera fome, um nó na garganta. Mas agora já passava das dez, os amigos haviam-no acordado cedíssimo, muito antes da hora. Sentia o estômago vazio, uma fome súbita a dominá-lo, a reclamar, a exigir a aceitação do convite reiterado:

— Vamos, rapaz... O que é que está esperando?

E a jaca fazia-se irresistível, era a fruta predileta de Curió, o mel escorria pelos dedos e pelos lábios de Martim, pairava no ar aquele perfume embriagador, que importavam uns minutos a mais, uns minutos a menos?

Curió retirou o paletó, abriu a gravata, não se pode comer jaca todo vestido de etiqueta. Sentou-se, enfiou os dedos, retirou um bago, meteu-o na boca, cuspiu o caroço:

— Porreta!

— Retada! — apoiou Martim. — De uma jaqueira daqui pertinho, tá carregadinha assim...

Diálogo interrompido pela batida violenta da porta do quarto. Marialva chamava assim a atenção dos amigos, seus olhos fuzilavam e os rolos de cabelo na testa assemelhavam-se cada vez mais a chifres do demônio.

— Tu não me disse que tinha um assunto urgente a falar com Martim? — perguntava ela a Curió, a voz dura.

Estava furiosa, não esperava por aquele início de conversa. Então era esse o amor tão decantado, louco e sem medidas de Curió? Incapaz de resistir aos bagos de uma jaca mole?

— Quando acabar eu falo... Daqui a pouco...

— Para tudo há tempo e hora — sentenciou Martim.

Com um repelão no ar, Marialva entrou no quarto, em cólera.

— Não tolera jaca, fruta para ela tem que ser maçã ou pêra...

— Não diga.

Curió lambia os dedos, fruta boa é jaca, ainda mais pela manhã, em jejum. Como não gostar de jaca e babar-se por pêra e maçã, frutas bobas, que gosto tem maçã? Até batata-doce é mais saborosa, menos insossa. Assim externando suas opiniões, Martim deu-se por satisfeito, limpou os dedos nos pedaços de jornal. Curió saboreou ainda uns dois bagos, riu de contentamento. Fruta mais porreta, jaca. E essa então estava arretada de boa. Martim palitava os dentes com um fósforo, falou:

— Agora tu pode desembuchar teu assunto.

Curió quase esquecera o motivo e a solenidade da visita, a jaca o deixara em paz com a vida, disposto a uma boa prosa, demorado cavaco, sobre os mais diversos assuntos, como sempre acontecia quando eles, os amigos, se encontravam. Martim o empurrava novamente para aquele túnel sem luz e sem ar, tinha de atravessá-lo. Levantou-se.

Na porta do quarto reaparecera Marialva, os olhos brilhantes, as narinas acesas, égua de corrida pronta para a partida, esperando apenas o sinal. Curió apertava a gravata, envergava o paletó e o ar solene, a grave expressão funerária conseguida agora com muito maior esforço. Já não estava em jejum, em vez da boca amarga ele a tinha perfumada de jaca, e as idéias de suicídio e morte haviam-se distanciado. Ainda assim, obteve apreciável resultado, a ponto de Martim, ao voltar à espreguiçadeira para melhor ouvir, estranhar-lhe a expressão e os modos:

— Tu tá parecendo guarda de defunto.

Curió estendeu a mão num gesto oratório, a voz embargada.

[...]

Martim esforçava-se por entender a complicada explanação do amigo, tão respingada de palavras difíceis, aquela mania de Curió de comprar e ler folhetos e livros. Fechava o rosto no esforço. Desespero, imaginava Marialva. Horror ante a traição do amigo, pensava Curió. Puro esforço, em verdade, para seguir o palavreado de Curió, tão enfeitado com termos de sermão ou de dicionário. Ali estava a real explicação da falta de sorte de Curió com as mulheres: era esse linguajar de livro, não havia cabrocha capaz de agüentar. Embora à custa desse grande esforço, Martim foi percebendo, pegando uma palavra aqui, outra acolá, por vezes uma frase inteira, e com o rabo de olho vendo o teatro de Marialva de pé na porta do quarto com aquele ar sublime aparafusado na cara. Dava-se conta dos porquês daqueles modos e roupas e melancolias de Curió: parecia estar o palerma enrabichado por Marialva, doidinho... Seria possível, meu Senhor do Bomfim, Oxalá, meu pai (Exê ê ê Babá)? Seria possível? E estar ela igualmente? Não era a isso que se referia Curió com essa comparação bonita de almas gêmeas, ligação platônica, vidas partidas? Estava entendendo: Curió louco por Marialva mas se contendo por ser seu amigo, para não lhe botar os chifres, respeitando a testa honrada do amigo. Batuta, esse Curió.

[...]

O cabo, porém, nada lhe perguntou. Apenas a considerava com um olhar calculista, mulher fatal e definitiva, definitivamente fatal, nascida para pisar os homens, arrastá-los em seu cortejo, assim era ela, Marialva, formosa da pinta negra no ombro esquerdo. Fatal, quem podia escapar de seu fascínio? Às vezes, seu tanto enjoada. Bem enjoada até. Curió a merecera, Martim sentia-se generoso e bom como um cavalheiro antigo. Os melhores sentimentos enchiam seu peito um tanto opresso de muita jaca comida antes.

Sua voz ressoou no silêncio de solenidade e brisa:

— Pois, meu irmão, tou vendo tudo. Tu gostando e sofrendo. Coisa bonita de se ver, tu é irmão de teu irmão. E eu te digo: quem merece ela é mesmo tu e tu pode levar ela. É tua.

[...]

— Levar ela? Agora mesmo? E para quê?

[...]

— E esse traste pensou que ia inimizar nós dois, nós que somos que nem irmãos... Só a gente rindo...

E riu gostosamente, aquela sua antiga e livre gargalhada, recuperada e para sempre. Curió riu também, as alegres risadas dos dois amigos rolavam pela ladeira abaixo, no botequim os apostadores buscavam caracterizar e catalogar aquele som estranho vindo da casa ao alto.

Martim foi buscar a garrafa:

— Um trago? Pra comemorar?

Curió bem desejava, mas lembrou:

— A gente comeu jaca, faz mal.

— É mesmo. Cachaça com jaca é congestão na certa.

— É pena — lastimou Curió.

Os olhares dos amigos encontraram-se sobre os restos da jaca mole. Brilhavam os bagos cor de ouro convidativos.

— O jeito é acabar com a jaca. De noite a gente comemora...

Curió arrancou paletó e gravata, o ar funéreo desaparecera. Atiraram-se novamente à jaca.

Marialva, no quarto, arrumava sua trouxa. Os dois amigos pareciam tê-la esquecido, riam e comiam. Ela atravessou a sala, eles nem repararam.

(*Os pastores da noite*)

AS FRUTAS
DE JORGE AMADO

Amaioria das frutas apresentadas nesta parte aparecem nos livros de Jorge Amado, quer ao natural, quer sob a forma de doce, refresco, suco, sorvete, ou ainda em pratos elaborados. Comuns no Nordeste brasileiro, todas elas podem ser encontradas nos mercados da Bahia, e muitas ainda crescem agrestes pelo interior, matando a fome de quem tem pouco o que comer. Os caminhões substituíram os saveiros no transporte dos abacaxis, laranjas, sapotis e mangas vindos do recôncavo e da ilha de Itaparica. Os caminhões transportam-nas para mais longe, para o Sul do país.

É difícil estabelecer uma ordem de importância das frutas na obra de Jorge Amado, depois do cacau, da jaca e da banana — fáceis primeiro, segundo e terceiro lugares —, como escolher a quarta fruta? Manga? Caju? Abacaxi? Mamão? Impossível. Por isso elas aparecem em ordem alfabética, com a qual mostro também minha imparcialidade, não desejo privilegiar aquelas frutas que gosto mais — mas se pitanga se chamasse abacate!...

Planejavam plantar um pomar para cultivar laranjas — a de umbigo nem o mel se lhe compara no sabor, a d'água e a seca, a da terra, amarga como fel mas com a casca faz-se o doce mais gostoso —, limão e tangerina, além das frutas que ali cresciam ao deus-dará, tantas e incomparáveis: jaca, manga, abacate, mamão, caju, mangaba, pitanga, cajá, jaca-de-pobre, fruta-do-conde, condessa e pinha, groselha, jambo e carambola, goiaba e araçá, muitas e muitas outras, nem de longe a lista se esgotou.

(Tocaia Grande)

ABACATE

CADÊ O CREME DE ABACATE?

A fruta e os derivados são citados nos livros: *Terras do Sem Fim*, *Tereza Batista cansada de guerra* e *Tocaia Grande*. Além da fruta ao natural é citado o creme de abacate.

Utilize as receitas gerais para fazer: vitamina, creme, musse, sorvete, salada de fruta e salada salgada.
Fruto do abacateiro (*Persea gratissima*), árvore da família das laureáceas.
100 g de abacate equivalem a 200 calorias.

O abacate é originário da América Central e México. Encontrado nas feiras e nos mercados em todo o Brasil, ele pode ser comprado maduro ou ainda verde, pois amadurece bem em casa, abafado por papel durante uns dias. Deve-se fazer atenção na sua compra para que não haja manchas na casca.

Ao ler os originais do livro que fiz sobre a culinária baiana em sua obra, meu pai reclamou a ausência da receita de creme de abacate. "Cadê o creme de abacate?", ele me perguntou e completou: "Você esqueceu de colocar, e eu que adoro creme de abacate". Era verdade, eu tinha esquecido o creme de abacate feito por Zilda, mulher do capitão Natário, em *Tocaia Grande*. Como o livro já estava em composição, não foi possível dar a receita, por isso ela vai aqui, agora, neste momentinho. Receita mais fácil: basta bater o abacate com leite e açúcar no liquidificador, deixando bem grossinho para comer de colher; por cima rega-se com suco de limão, o que impede que o abacate escureça e dá o gosto especial que tem esta sobremesa (há quem substitua leite e açúcar por leite condensado, mas não é assim que eu gosto de fazer, para o meu gosto fica muito doce).

Foi com esta receita tão simples, tão comum no Brasil, que Misette, minha comadre, ganhou uma assinatura — por cinco anos! — da revista *Elle* francesa. Era um concurso de receitas e ela concorreu com duas — duas raridades no que se refere aos hábitos culinários franceses —, o doce de abóbora e o creme de abacate. Ganhou, é claro, pois francês não come abacate com açúcar, usa em salada salgada, como aliás se faz em toda a Europa, com os abacates que vêm das Antilhas e, sobretudo, de Israel.

As melhores receitas com abacate vêm do México, onde é utilizado em culinária desde os tempos dos maias e dos astecas, que, com arte, civilização e muita pimenta, criaram entradas e pratos deliciosos. Acho que o mais conhecido hoje em dia é o Guacamole, cuja receita está a seguir e me foi ensinada por minha mãe, que, sem ser mexicana, é uma especialista.

O médico sentou-se, depositou no chão de ladrilhos a sua maleta de ferros. Maleta que era célebre no povoado porque dentro dela o médico levava as mais diversas coisas: desde bisturi até grãos de cacau seco, desde injeções até frutas maduras, desde vidros de remédio até os recibos a cobrar das casas que possuía para aluguel. Tonico Borges, que havia ido aos fundos da casa, chegou com um grande abacate maduro que ofereceu ao Dr. Jessé:
— Guardei isso pro senhor, doutor.
Jessé agradeceu, meteu o abacate entre as inúmeras coisas que abarrotavam a maleta.

(Terras do Sem Fim)

O próprio coronel Boaventura Andrade, mandachuva daquelas sesmarias, patrão e compadre, provou o sal da mesa de Zilda, repetiu os quitutes e os gabou, lambendo os beiços; a galinha de molho pardo, o teiú moqueado, o peixe feito no dendê, a frita de capote, os doces de banana e de caju, o creme de abacate. Zilda desculpava-se pelo menu pouco variado, apenas quatro pratos, pobreza de almoço comparado aos da casa-grande. As filhas ajudavam-na na cozinha, aprendiam a temperar, a determinar os molhos e a pressentir o ponto.

(Tocaia Grande)

GUACAMOLE À MANEIRA DE ZÉLIA GATTAI

INGREDIENTES
1 abacate grande, bem maduro
1 tomate grande
1 cebola média
um pouco de cebolinha, salsa e coentro
sal a gosto
½ a 1 pimenta dedo-de-moça sem semente
vinagre balsâmico

MODO DE FAZER
1. Corte o abacate em dois, tire o caroço e a casca. Corte a polpa bem miudinho.
2. Descasque o tomate, tire as sementes e corte miudinho.
3. Pique muito bem todos os temperos, inclusive a pimenta.
4. Misture tudo, tempere com sal e vinagre balsâmico.
5. Sirva sobre *tacos* ou chips de milho.

ABACAXI

A COROA DO REI

A fruta e os derivados são citados nos livros: *Jubiabá; Mar morto; Os subterrâneos da liberdade; Gabriela, cravo e canela; O capitão de longo curso; Os pastores da noite; Dona Flor e seus dois maridos; Tenda dos milagres; Tereza Batista cansada de guerra; Farda fardão, camisola de dormir* e *O sumiço da santa.* Além da fruta ao natural são citados: o aluá, o doce, o licor, o suco e o vinho de abacaxi.

Pode-se comer o abacaxi assado e frito. Com ele pode-se fazer: batida, caipirinha, caipirosca, licor, refresco, suco, vitamina, doce em calda, doce cristalizado, doce em pasta, doce de cortar, geléia, creme,

É linda esta bromélia, o fruto é delicioso. Já em 1667 R. P. Duterte escrevia em seu livro *Histoire générale des Antilles habitées par les Français*: "É o melhor e mais belo de todos os frutos que existem na terra. É sem dúvida por esta razão que o rei dos reis colocou-lhe uma coroa sobre a cabeça, que é uma marca essencial de sua realeza, pois quando o pai cai, ela produz um jovem rei que lhe sucede em todas as suas admiráveis qualidades". Pois é, R. P. Duterte foi às Antilhas, naqueles idos do século XVII, encontrou ali os abacaxis e não temeu picar o dedo na aspereza de sua casca, descascou e devorou muitos desses frutos, comeu que se lambeu, como se diz, e o elevou a categoria de rei. Esta história de realeza das frutas é muito subjetiva, porém democrática. Isso mesmo: realeza democrática, onde os reis, diversos, são eleitos pelos seus súditos consumidores, reinando conjuntamente, sem brigas, muitas vezes misturando suas qualidades numa harmonia perfeita de gostos, perfumes e cores.

Quais as carruagens desses reis? A dos antilhanos não sei, não creio que Duterte tenha escrito sobre isso. A dos baianos, a daqueles que vêm perfumar a rampa do mercado, a feira de Água de Meninos, são os saveiros, os saveiros que vêm de Santo Amaro, de Cachoeira, de Itaparica, os do velho Francisco, tio de Guma: Trovão, Estrela da Manhã e Laguna; o Valente e o Paquete Voador, do próprio Guma; o Viajante Sem Porto de mestre Manuel, que ao som das cantigas de Maria Clara tem levado abacaxis através de tantos romances, de *Jubiabá* a *O sumiço da santa.*

O abacaxi é consumido ao natural — quando é de boa qualidade é muito doce, dispensa açúcar —, descascado e cortado em rodelas, ou em fatias (menos

musse, sorvete, salada de fruta e salada salgada.
Ananas satirus, planta da família das bromiliáceas, contém um fermento digestivo chamado bromelina.
100 g de abacaxi equivalem a 50 calorias.

comum por aqui). Faz-se refresco e suco, batidas, vinho — como aquele feito por Orestes Ristori em *Os subterrâneos da liberdade*, com que foi festejado o aniversário de Mariana — e uma bebida chamada aluá, onde a matéria-prima é a casca do abacaxi posta de molho em água, por vários dias, para fermentar. São inúmeras as maneiras de fazê-lo em doce: compota leve, compota com calda caramelada, caramelado com a fruta picada, cocada de abacaxi, beijos de abacaxi, tortas, isso sem falar no sorvete, feito somente da fruta, sem creme, que é refrescante e saboroso. Usa-se o abacaxi como complemento de carnes — rodelas assadas, fritas ou carameladas, por exemplo — e mesmo como ingrediente de pratos. É importante saber que o abacaxi possui um fermento digestivo, a bromelina, magnífico para a digestão, mas que deve ser levado em consideração em culinária, pois destrói rapidamente as fibras das carnes — mói, como se diz no Norte —, servindo como um bom amaciante para carnes mais duras, como as de caça, quando se sabe utilizar. Comi o Camarão à Senzala no restaurante do mesmo nome, em Cabo Frio, há uns quinze anos — eles, generosos, davam a receita, que já estava impressa, tantos eram os pedidos.

Naquele dia, em intempestivo horário vespertino, despontou na Bahia de Todos os Santos, procedente do Recôncavo, o Viajante sem Porto, as velas enfunadas — o mar é um manto azul, disse o namorado à sua namorada. Por estranho possa parecer não se ouvia, na esteira do vento, a voz de Maria Clara desfalecendo na dolência de uma cantiga de amor. Assim acontecia porque, além da carga habitual e olorosa de abacaxis, cajus e mangas, o saveiro recebera em Santo Amaro da Purificação o encargo — melhor dito a missão — de conduzir à Capital a imagem de Santa Bárbara, a do Trovão, famosa pela beleza secular e por milagreira, emprestada pela paróquia, com indisfarçável relutância do Vigário, para ser exibida em apregoada Exposição de Arte Religiosa, glosada em prosa e verso pela imprensa e pelos intelectuais: "o evento cultural do ano", proclamavam as gazetas. Para atender à sagrada incumbência, mestre Manuel cancelara a partida matutina, atrasando-a de quase doze horas, mas o fizera com satisfação: pagava a pena, e dona Canô não pedia, ordenava.

(O sumiço da santa)

*Os saveiros, velas arriadas, dormiam na escuridão. Assim mesmo davam idéia de partida, de viagens por pequenos portos do Recôncavo com as suas grandes feiras. Mas agora os saveiros dormiam, os nomes pitorescos gravados perto da proa: Paquete Voador, O Viajante sem Porto, Estrela da Manhã, O Solitário. Pela manhã sairiam rápidos, atirados pelo vento, as velas soltas, cortando a água da baía.
Iriam se abarrotar de verduras, de frutas, de tijolos ou telhas. Correriam as feiras todas. Voltariam*

depois carregados de abacaxis cheirosos. O Viajante sem Porto é pintado de vermelho e corre como nenhum. Mestre Manuel dorme na proa. É um mulato velho que nasceu nos saveiros e morou sempre nos saveiros.

(Jubiabá)

Fugiu dos notáveis e recusou jantar de homenagem a pretexto de indisposição intestinal, declinando do fino menu e do discurso de saudação do acadêmico Luiz Batista, uma notabilidade. Foi comer vatapá, caruru, efó, moqueca de siri mole, cocada e abacaxi no alto do Mercado Modelo, no restaurante da finada Maria de São Pedro, de onde via os saveiros de velas desatadas cortando o golfo, e as coloridas rumas de frutas na rampa sobre o mar.

(Tenda dos milagres)

CAMARÃO À SENZALA

INGREDIENTES
1 kg de camarão descascado
1 xícara de leite de coco
1 xícara de abacaxi cortado em cubos
1 colher de azeite-de-dendê
1 colher de azeite português
1 pimentão picado
suco de ½ limão
salsa e cebolinha
2 colheres de purê de tomate
1 colher sobremesa de sal
2 tomates picados
2 cebolas picadas
2 dentes de alho amassados
pimenta-do-reino a gosto
200 g de cogumelos

MODO DE FAZER
1. Doure a cebola com o alho no azeite.
2. Acrescente o tomate, o pimentão e misture.
3. Em seguida junte o azeite-de-dendê, o leite de coco, os cogumelos e deixe ferver por alguns minutos.
4. Coloque o camarão, tempere com sal e deixe que ferva por 5 minutos.
5. Por último junte um a um os ingredientes restantes.
6. Corte um abacaxi ao meio no sentido do comprimento e retire a polpa; sirva o camarão nas canoas de abacaxi.
Obs.: O abacaxi deve ser a última coisa a ser colocada. Sirva o prato logo em seguida, senão o camarão ficará moído.

ABIU

O GOSTOSO DOCE DE ABIU

A fruta ao natural é citada no livro *O capitão de longo curso*.

Utilize as receitas gerais para fazer: batida, caipirinha, caipirosca, licor, refresco, suco, vitamina, doce em calda, fruta cristalizada, geléia, creme, musse, sorvete, salada de fruta e salada salgada.
Fruto do aibeiro (*Lucuma caimato*), árvore da família das sapotáceas.
100 g de abiu equivalem a 47 calorias.

O abiu normalmente é consumido ao natural. É uma fruta agradável, pode ser muito doce, mas seu sabor não é muito marcante — peço perdão aos apaixonados do abiu —, e também tem certo visgo, que às vezes gruda no dente e faz "colar" os lábios.

Mas, se o sabor da fruta pura não a coloca em evidência, uma grande cozinheira o fará executando a receita de doce de abiu. E o que é ser uma grande cozinheira? Penso que além de ter boa mão para temperar a comida e mexer a panela, a boa cozinheira consegue transformar coisas tolas em pratos divinos. Estou dizendo isso para contar que entre as grandes cozinheiras que conheço está dona Tereza Murad, que não limita seus conhecimentos culinários à magnífica cozinha árabe, que faz como ninguém. Ela a estende aos quitutes maranhenses e, sobretudo, àqueles de sua invenção. Pois ela faz um doce de abiu dos sonhos, de comer gemendo.

No auge da paixão, quando seu navio parou em Recife, o comandante Vasco Moscoso de Aragão ofereceu à namorada, a balzaquiana Clotilde, frutas nordestinas da melhor qualidade, entre elas o abiu. Se a escala fosse em São Luís do Maranhão, poderiam ter comido o doce de dona Tereza e mesmo abius frescos, colhidos no pé na casa de Eduardo Lago, no Olho d'Água, como os que aparecem na foto, colhidos pelo amigo maranhense para este livro.

Pagou-lhe mangabas e sapotis na rua Nova, ofereceu-lhe amarelos cajás e verdes umbus no cais da rua da Aurora, vermelhas pitangas na rua do Sossego, deu-lhe a beber água de coco na praia da Boa Viagem, Clotilde revelava-se gulosa das frutas nordestinas, as mangas e os cajus, os abacaxis de todo sabor, abius, cajaranas, goiabas, araçás. Ia num passo saltitante, esquecida da postura digna, o comandante levava-lhe a sombrinha inútil, eram dois adolescentes a cruzar as pontes, as praças e as ruas da cidade do Recife. Rindo sem quê nem por quê, "dois velhos gaiteiros", na expressão de uma transeunte apressada, quase ofendida com a disponibilidade juvenil do comandante e da pianista.

(O capitão de longo curso)

ARAÇÁ

OS ARAÇÁS DE TIETA

A fruta e os derivados são citados nos livros: *Gabriela, cravo e canela; O capitão de longo curso; Tereza Batista cansada de guerra; Tieta do Agreste* e *Tocaia Grande*. Além da fruta ao natural, são citados: o doce e o licor de araçá.

Utilize as receitas gerais para fazer: licor, vitamina, doce em calda, fruta cristalizada, doce em pasta, doce de cortar, geléia, musse, sorvete. Fruto do araçazeiro (*Psidium araçá*), árvore da família das mirtáceas.
100 g de araçá equivalem a 56 calorias.

Em certos lugares no Brasil chamam goiaba de araçá, tomam uma fruta pela outra, como se tudo fosse goiaba. Na verdade são frutas da mesma família das mirtáceas, mas não são irmãs gêmeas, eu diria que nem mesmo irmãs comuns, são primas próximas, mas com encantos diferentes. O araçá tem o gosto bem mais ácido que a goiaba, com um perfume diferente. Uma explicação dessa diferença é dada por Tieta a Leonora, num passeio que fazem pela feira, em Santana do Agreste. Com ele se produz um doce de cortar bem mais saboroso que a goiabada, a meu ver mais fino. Já ficou claro que eu, como Tieta, sou totalmente partidária do araçá na sua disputa com a prima goiaba, penso que seja devido ao meu sangue sergipano, pois em Sergipe ainda se encontra bom araçá para comprar no mercado, e, sobretudo, um maravilhoso doce feito em São Cristóvão, terra de doceiras eméritas — e terra de Maria Vesta, artista plástica, que manda doces de araçá e de caju, e confeitos de castanha para seus amigos Zélia e Jorge. O doce que o doutor Hélio Colombo, magistrado de *Tieta do Agreste*, compara à honra de homem, em termos de raridade.

O Pio IX é um rocambole de pão-de-ló recheado com doce cremoso de araçá ou de goiaba. Não se deve confundir este doce com o bolo-de-rolo pernambucano, cuja massa é diferente, mais fina e consistente, resultando em rocambole de muitas voltas, mais pesado. O nosso Pio IX tem a maciez das claras e gemas muito batidas, desmancha na boca! Não quero parecer bairrista, mas prefiro o nosso, baiano.

Na feira, montes de frutas se sucedem, muitas delas Leonora não conhece; bate palmas, encantada. Que goiabinhas pequenas! Não são goiabas, são araçás, araçá-mirim, araçá-cagão. Com elas se faz o doce que comemos em casa de Elisa.

(Tieta do Agreste)

Outra força política se levanta agora, tão poderosa a ponto de trazer a Agreste, a seu serviço, o próprio Professor Hélio Colombo, invencível nos tribunais e, ao que se vê, na mesa.
Bonaparte, derrotado, abandona a competição, cruza os talheres. O egrégio mestre é parada: impávido, ataca o doce de araçá, guloseima hoje tão rara, tão difícil de encontrar-se quanto um homem honrado, meu caro tabelião.

(Tieta do Agreste)

PIO IX DE ARAÇÁ

INGREDIENTES
6 ovos
6 colheres de açúcar
5 colheres de farinha de trigo
manteiga e farinha de trigo para a assadeira
doce de araçá em pasta
2 colheres de açúcar de confeiteiro

MODO DE FAZER
1. Separe as claras das gemas.
2. Bata as claras em neve bem firme.
3. Sem desligar a batedeira, acrescente as gemas, uma a uma, até incorporarem perfeitamente.
4. Junte o açúcar, colher por colher, sempre batendo.
5. Fora da batedeira, acrescente a farinha de trigo, misturando delicadamente com uma colher de pau.
6. Coloque a massa em assadeira retangular, untada de manteiga e polvilhada de farinha de trigo.
7. Leve ao forno quente para assar.
8. Desenforme o pão-de-ló sobre um pano de prato limpo e cubra sua superfície com o doce de araçá.
9. Com o auxílio do pano, enrole em forma de rocambole.
10. Polvilhe com açúcar de confeiteiro.

BANANA

A MUSA PARADISÍACA

A fruta e os derivados são citados nos livros: Cacau; Jubiabá; Terras do Sem Fim; São Jorge dos Ilhéus; Seara vermelha; Gabriela, cravo e canela; Os pastores da noite; Tereza Batista cansada de guerra; Tieta do Agreste; Tocaia Grande e O sumiço da santa. Além da fruta ao natural são citados: a banana assada, a banana cozida, a banana frita e o doce de banana de rodinha.

Pode-se comer banana assada, cozida e frita. Utilize as receitas gerais para fazer: suco, vitamina, doce em calda, fruta cristalizada, doce em pasta, doce de cortar, geléia, creme, musse, sorvete, salada de fruta e salada salgada.

Supõe-se que a palavra *banana* origina-se do nome de um porto africano, de onde teriam saído os primeiros frutos para exportação. A curiosidade sobre esta palavra — que no Brasil significa também outras coisas menos agradáveis do que esta fruta maravilhosa — é porque o seu verdadeiro nome, dependendo da variedade, pode ser *Musa paradisiaca* ou *Musa sapientum*. Não é uma beleza?! Aqui tem das duas: paraíso e sabedoria.

A banana é uma fruta especial, pois, além de ser altamente nutritiva — vitaminas, sais minerais, carboidratos em grande quantidade —, é muito versátil, prestando-se para infinitos tipos de consumo: de crua a frita, em pratos doces, salgados, como aperitivo, como vitamina, como sorvete, até como remédio — por recomendação do doutor Jadelson Andrade, Jorge Amado come uma banana todos os dias, a fim de repor o potássio necessário ao organismo; o escritor considera este o seu melhor medicamento. Além de tudo isso ela é múltipla, suas variadas espécies se distinguem pela forma, cor, perfume, sabor e pela diversidade de utilização. Deixo a cargo dos estancianos de *Tocaia Grande* uma pequena lista daquelas musas paradisíacas que iam plantar na rocinha da nova terra no Sul da Bahia: "Touceiras de pés de banana de espécies variadas: da terra e d'água, da prata e de ouro, a banana-maçã e as de São Tomé, roxas ou amarelas, boas para levantar as forças dos doentes".

Além das bananas dos estancianos, existem muitas outras, verdadeiras e inventadas. Nosso amigo Paulo Loureiro veio com Dóris, Cláudia e Paula, de Pernambuco, passar umas férias na casa do Rio Vermelho. Paulo se divertia com seu Zuca,

Fruto da bananeira (Musa paradisiaca), árvore da família das musáceas.
100 g de banana-prata equivalem a 100 calorias.

nosso jardineiro, que naquele momento plantava boa quantidade de mudas de bananeira no final do jardim:

"Seu Zuca, o senhor conhece a banana de metro?"

"Nunca ouvi falar. Como ela é, doutor Paulo?"

"Ah!, cada banana tem mais de um metro, uma só dá para a família toda! E a saca-rolha, você conhece?"

"Conheço não senhor."

"Essa cresce toda enroscada, como um parafuso. Em Pernambuco dá como mato. Mas a de canudo você conhece, não é?"

"De canudo? Conheço não."

"Ela é pequena e muito molinha. A gente não tira a casca, aperta um pouco e ela se desfaz, fica líquida, aí se coloca um canudinho pela ponta e toma como refresco. É ótima."

"Esse doutor Paulo é interessante!"

E Paulo ficava morrendo de rir, enquanto seu Zuca fingia que acreditava nas bananas especiais de Pernambuco.

Quais as melhores formas de comer uma banana? Acho que todas, mas não custa citar algumas. Vi muitas vezes na França, em restaurante, um francês pegar uma banana-d'água (geralmente o único tipo que se encontra por lá) servida em prato, tirar a casca cortando com a faca, e depois comê-la de garfo. Certamente esta não é a melhor forma, do meu ponto de vista, mas deve-se notar a expressão de prazer na fisionomia do dito francês e refletir que realmente mesmo uma banana-d'água — a mais sem gosto de todas — pode ser paradisíaca. Continuando pela fruta fresca, é importante considerar as qualidades da banana-prata, seja descascada e comida assim sem mais nem menos, por puro prazer ou para uma fominha de intervalo, seja cortada em rodelas acompanhando a comida — nada acompanha melhor o feijão com arroz do que uma bananinha. Tem a banana-maçã, perfumada, com sabor diferente, que se deve saber comprar para que ela não tenha partes endurecidas, não seja "empedrada". E a banana-ouro? Aquela que se compra na estrada a caminho de Petrópolis, no Rio de Janeiro? Compra-se um cacho inteiro, elas são pequeninas, bem amarelinhas, pontilhadas de preto. Pode-se comer inteirinha, só tirando a casca, ou também amassando com as mãos, sem tirar a casca e depois espremendo de forma que ela já vem como um creme — é quase a banana de canudo de Paulo Loureiro. O problema é que, quando o viajante chega ao seu destino, no mais das vezes o cacho está vazio.

Cozinhar a banana para comer também produz resultados extraordinários. Para fritar, a banana-da-terra (banana-comprida, diz-se em alguns lugares) é a melhor. Ela pode ser frita no óleo, no azeite ou na manteiga, empanada ou não; pode ser cortada em rodelas, ao comprido, em bandas; pode vir simples, acompanhando um rosbife, polvilhada com açúcar e canela, na sobremesa, feita com requeijão frito numa mistura deliciosa que em Pernambuco chamam de Cartola. Banana-da-terra assada, acompanhando a carne-seca, como come com gosto o turco Fadul, em *Tocaia Grande*, come e ensina a fazer! Banana-da-terra cozida simples, como gosta de comer o escritor na sua casa do Rio Vermelho, acompanhando o café com leite da janta. Peça fundamental num Cozido ou num Escaldado de Peru; na Bahia a banana-da-terra também entra na bacalhoada, dando um sabor bem brasileiro a este prato português.

Ao ser cozida com açúcar, a musa paradisíaca produz doces maravilhosos, a começar por aquele feito com banana-prata cortada em rodinha, açúcar, cravo-da-índia e canela, que era servido nos "castelos" da Bahia, e que por isso ganhou o nome de Doce de Puta. Faz-se ainda doce de banana em pasta, bananada, passa de banana, mariola, bolinha de banana açucarada, banana caramelada — uma especialidade chinesa — e outros mais. Ainda no setor doces não se pode esquecer dos sorvetes, das tortas e dos bolos de banana. Um bolo saboroso, fino e fácil de fazer me foi ensinado pela minha saudosa Juraci Nercy, cozinheira emérita. Dou aqui este bolo que ela me ensinou e que fará a delícia de quantos o fizerem e comerem.

Aí estão várias das melhores maneiras de se comer a banana. Quais as piores? Não existe pior, a musa é sempre boa, apesar de que eu duvido de uma certa pizza de banana com leite condensado, que já me garantiram ser uma delícia.

Um lembrete, para encerrar: a folha da bananeira é muito útil na nossa culinária, é nela que são envolvidos os abarás e os acaçás para serem cozidos, e também os peixes inteiros recheados e cobertos de farofa de dendê, que depois de assados resultam na Moqueca de Folha, prato que fica entre o divino e o sublime.

— *Você vai trabalhar na roça até pagar.*
— *O quê? Pagar uma bosta...*
— *É o jeito.*
— *E com que como?*
— *Coma banana.*
— *Eu não sou escravo.*

(Cacau)

As crianças da fazenda adoravam o negro Damião, que servia de cavalo para as mais pequenas, que ia buscar jaca mole nas grandes jaqueiras, cachos de banana-ouro nos bananais onde viviam as cobras, que selava cavalos mansos...

(Terras do Sem Fim)

Em dias de gula e refinamento, numa ponta de galho, aparado a canivete, enfiava uma banana-da-terra e a tostava até vê-la cor de oiro, rasgada pelo calor. Para evitar que se queimasse, a envolvia numa camada de farinha, depois de descascá-la: gostosura.

(Tocaia Grande)

BOLO DE BANANA DA JURACI

INGREDIENTES
8 bananas-prata
3 colheres de manteiga
½ xícara e um pouco mais de leite
2 xícaras de açúcar
2 xícaras de farinha de trigo
1 pitada de sal
4 ovos
½ colher (chá) de baunilha
1 colher (bem cheia) de fermento em pó
1 xícara de passas

cobertura:
2 colheres de açúcar
1 colher de chocolate em pó
1 colher de canela em pó
um pouco de farinha de trigo
2 colheres de manteiga

MODO DE FAZER
1. Bata a manteiga com o açúcar e o sal.
2. Sempre batendo, ponha os ovos inteiros, 1 de cada vez, o leite, a baunilha e 1 ½ xícara de farinha peneirada com o fermento — bata até abrir bolhas.
3. Feito isso, misturando sempre, coloque duas bananas cortadas em rodelas e as passas, previamente polvilhadas com a ½ xícara de farinha de trigo que sobrou.
4. Misture tudo muito bem e espalhe no tabuleiro untado e polvilhado.
5. Coloque sobre a massa as 6 bananas restantes cortadas em rodelas.
6. Por cima das bananas coloque a cobertura: misture a manteiga com o açúcar, a canela, o chocolate e a farinha até formar uma farofa.
7. Leve ao forno médio para assar.

CACAU

O SENHOR DAS TERRAS GRAPIÚNAS

A fruta e os derivados são citados nos livros: *Cacau; Jubiabá; Terras do Sem Fim; São Jorge dos Ilhéus; Seara vermelha; Gabriela, cravo e canela; Os pastores da noite; Dona Flor e seus dois maridos; Tenda dos milagres; Tereza Batista cansada de guerra; Tieta do Agreste; Tocaia Grande* e *O sumiço da santa*. Além da fruta ao natural são citados: o chocolate, o licor, o suco de cacau e o vinagre.

Utilize as receitas gerais para fazer: batida, caipirinha, caipirosca, licor, refresco, suco, vitamina, doce em pasta, doce de cortar, geléia, creme, musse, sorvete, salada de fruta. Com o caroço faz-se o chocolate,

O cacau é um dos temas dos romances de Jorge Amado, talvez aquele que mais identifica o escritor e sua obra. Mas não é a fruta, no enfoque que aqui se dá, que tem toda esta importância, e sim a economia gerada por ela, o plantio dos cacaueiros e, sobretudo, a luta pela conquistas daquelas terras do Sul da Bahia, cujo solo é privilegiado para esta cultura. Ele é responsável por amores, ódios, brigas: se morre e se vive pelo cacau.

Com as amêndoas do cacau se faz chocolate e com o chocolate se faz um mundo de doces, sorvetes, bebidas e sobremesas gostosas. Mas para falar daquela parte que envolve o caroço, a polpa do cacau propriamente dita, vamos chamar as especialistas em licor de cacau: dona Flor, que o faz para os maridos e amigos e que ensina as alunas como preparar bebida tão fina; Rosa de Oxalá, amor de Pedro Archanjo, seu licor de cacau foi chamado por Zabela de "néctar sublime". "Invenção dos deuses" é o suco de cacau servido a Ludmila Gregoriovna Cytkynbaum, amante de Venturinha, em *Tocaia Grande*.

Hoje em dia é muito fácil encontrar no comércio a polpa de cacau congelada. A polpa diluída em água, misturada com açúcar, resulta num suco refrescante e agradável, batida com um pouco de leite e depois levado a gelar transforma-se num creme que é sobremesa delicada. A geléia de cacau é também um doce muito saboroso e fino.

e com ele pode-se fazer uma série de doces.
Fruto do cacaueiro (*Theobroma cacao*), árvore da família das esterculeáceas.
100 g de pó de cacau (feito a partir das amêndoas) equivalem a 265 calorias.

Nem os garotos tocavam nos frutos do cacau. Temiam aquele coco amarelo, de caroços doces, que os trazia presos àquela vida de carne-seca e jaca. O cacau era o grande Senhor a quem até o coronel temia.

(Cacau)

Sob o sol ardente, o dorso nu, as foices presas em varas longas, os trabalhadores colhiam os cocos de cacau. Caíam num baque surdo os frutos amarelos, mulheres e crianças os reuniam e partiam, com tocos de facão. Amontoavam-se os grãos de cacau mole, brancos de mel, eram metidos nos caçuás, levados para os cochos no lombo dos burros.

(Gabriela, cravo e canela)

Cabeça de um município e de uma zona de monocultores, Ilhéus era uma cidade de vida cara, talvez a cidade de vida mais cara do Brasil. Qualquer legume custava um dinheirão, a carne andava por um preço absurdo, todos os produtos, mesmo os mais necessários, vinham de fora, exceto o vinagre, produzido do visgo do cacau mole, e o chocolate fabricado ali.

(São Jorge dos Ilhéus)

No fim de oito dias os caroços de cacau estavam negros e cheiravam a chocolate. Antônio Barriguinha, então, conduzia sacos e mais sacos para Pirangi, tropas de quarenta a cinquenta burros. A maioria dos alugados e empreiteiros só conhecia do chocolate aquele cheiro parecido que o cacau tem.

(Cacau)

SUFLÊ GELADO DE CHOCOLATE

INGREDIENTES
½ l de creme de leite fresco
300 g de chocolate meio amargo
6 ovos
3 colheres de açúcar

MODO DE FAZER
1. Pique o chocolate.
2. Coloque o creme de leite numa panela e leve ao fogo para ferver.
3. Deixe ferver por 1 minuto e retire do fogo.
4. Em seguida coloque, aos poucos, o chocolate picado para derreter no creme, mexendo sempre com um batedor ou com uma colher de pau.
5. Leve ao congelador por 12 horas.
6. 12 horas (ou mais) depois, separe as claras das gemas dos 6 ovos.
7. Bata as gemas até ficarem esbranquiçadas e dobrarem de volume.

8. Coloque o açúcar aos poucos, incorporando bem às gemas.
9. Misture as gemas ao creme de chocolate, que ficou sólido — a operação exige um certo vigor.
10. Bata as claras em neve bem firme.
11. Jogue a mistura de chocolate e gemas sobre as claras e misture delicadamente, até ficar tudo muito bem incorporado.
12. Prepare uma fôrma para suflê criando uma borda de papel de alumínio de uns quatro centímetros.
13. Despeje a mistura na forma; ela deve ultrapassar a borda original.
14. Leve ao congelador por mais 12 horas.
15. Retire o papel de alumínio do entorno da fôrma; o doce então terá o aspecto de um suflê.
16. Sirva em seguida.
17. Caso sobre — o que é raro —, guarde no congelador.

CAJÁ

A FRUTA DA COR DE OXUM

Taperebá, cajá, cajazinha, são os nomes da mesma *Spondia lutea*, tão comum no Nordeste quanto no Norte do Brasil. O que importa mesmo é a fruta em si, uma das preferidas do escritor; ela tem sabor bem acentuado, muito perfume e alguma acidez. Na casa do Rio Vermelho tem uma cajazeira que carrega de frutos, depois forra o chão de amarelo e enche o ar com um aroma adorável. Pena que sua vida seja curta, quando ela cai já está bem madura, e se não for catada rapidamente estraga.

Fruta amarela, da cor de Oxum, orixá de Zélia, a cajá está na preferência de todos da família, e dos personagens também: padre Abelardo Galvão, em *O sumiço da santa*, provou e comprovou tratar-se a batida de cajá de um "néctar dos deuses"; Fadul Abdala, o turco de *Tocaia Grande*, gosta da fruta ao natural, apanhada no pé, e a prefere às tâmaras de sua infância.

Em Angola a cajazeira é chamada de munguengue; aqui ela também recebe o nome de ibametara, que significa "pau de fazer enfeite do beiço", isso porque com sua madeira certas tribos indígenas faziam seus bodoques, que são aquelas rodelas que os índios colocam no lábio inferior. Índios, africanos, turcos, brancos misturando raças para formar nosso povo, são os brasileiros comedores de cajá.

A fruta e os derivados são citados nos livros: *O capitão de longo curso*; *Dona Flor e seus dois maridos*; *Tereza Batista cansada de guerra*; *Tieta do Agreste*; *Tocaia Grande* e *O sumiço da santa*. Além da fruta ao natural são citados: a batida, o refresco, o sorvete e o suco.

Utilize as receitas gerais para fazer: batida, caipirinha, caipirosca, licor, refresco, suco, vitamina, doce em calda, geléia, creme, musse, sorvete e salada de fruta.
Fruto da cajazeira (*Spondia lutea*), árvore da família das anacardiáceas.
100 g de cajá equivalem a 70 calorias.

O Reverendo veio apenas dizer-lhe bom dia mas aceita um copo de suco de cajá antes de retornar à igreja, arrastando consigo o seminarista. Tieta prende um suspiro, sócia de Deus, cada qual com seus horários.

(Tieta do Agreste)

Cajás maduros espalhavam-se pelo chão sob a árvore em cuja sombra se abrigou do sol. Catou os frutos rindo de si próprio, tamanho homem nu... O Oriente citado por Fuad, a terra natal, perdera-se na distância, para reencontrá-lo seria preciso varar o mar de lado a lado no bojo dos navios. São outras as estrelas, as frutas também, não lhe fazem falta: prefere os cajás às tâmaras e de estrelas está bem servido.

(Tocaia Grande)

CAJARANA

FRUTA COMO BRINQUEDO

A fruta e os derivados são citados nos livros: *O capitão de longo curso, Tieta do Agreste* e *O sumiço da santa.*

Utilize as receitas gerais para fazer: refresco, suco, vitamina, doce em calda e salada de fruta.
Fruto da *Spondia cytherea,* árvore da família das anacardiáceas.
100 g de cajarana equivalem a 46 calorias.

Também conhecida como cajá-manga, não é uma fruta tão saborosa quanto o cajá, ou quanto a manga, mas tem seus apreciadores. Quando se é menino é gostoso comer cajarana de vez: mais durinha, mais ácida, e no final ficamos com um caroço cheio de felpas. Me lembro como se fosse hoje de um caso com cajarana ocorrido nos anos 60, quando eu estudava no Colégio de Aplicação da Universidade Federal da Bahia. Nós formávamos um grupinho muito politizado, com grandes pretensões intelectuais e com um certo desprezo por tudo o que não fosse feito à nossa maneira. Foi então que Ribas — ele e Roberto eram os únicos que faziam teatro a sério, embora nós nos considerássemos todos membros da classe teatral — começou a comer uma cajarana de vez em plena aula; ele a comia de uma maneira muito teatral, fazendo uma encenação especial para uma colega que, apesar de ser muito boa pessoa, tinha, a nosso ver, alguns defeitos: não era do nosso grupo, era ingênua, não ia a passeatas, daí ser logo taxada de reacionária. Pois bem, o Ribas comia a cajarana e fazia caretas para a colega; à medida que ele a comia, o caroço ia ficando esfiapado; ao mesmo tempo, com um giz e com um lápis, ele pintava sua cara, de forma que, quando bateu o sinal, a cajarana só caroço e fiapos, ele a colocou entre os lábios e saiu correndo como um monstro atrás de nossa pobre colega, que, apesar de ter visto toda a produção, morreu de medo. Com o nosso estímulo de aplausos e risadas a cena durou parte do recreio, até quando o incômodo do caroço da cajarana entre os lábios e a intervenção de nossos professores — que apesar de também serem politizados e intelectuais, tinham mais juízo que a gente — fizeram o monstro voltar a ser Ribas e a colega encontrar um pouco de paz.

Vem da ilha da Reunião, no oceano Índico, a receita de doce de cajarana perfumado com baunilha.

Apenas o comandante engoliu a primeira e última colherada e foi necessário todo o caráter para contê-la no estômago. Havia uma confusão em suas vísceras, uma espécie de desgosto de viver, um desencanto. Felizmente a gentil e bonita balzaquiana não viera ao refeitório. Não teria podido conversar com ela, não sentia gosto para nada, tudo quanto desejava era o fim do jantar.

— Quase não comeu, Comandante — o deputado devorava.

— Não estou passando bem, tive uma complicação devido a umas cajaranas verdes que comi. Não quero abusar.

— Pensei que estivesse enjoado, imagine. Um comandante enjoado, que absurdo!

(O capitão de longo curso)

DOCE DE CAJARANA DA ILHA DA REUNIÃO

INGREDIENTES
12 cajaranas verdes
1 ½ kg de açúcar
1 fava de baunilha

MODO DE FAZER
1. Descasque e lave as cajaranas.
2. Coloque-as inteiras numa panela com um litro de água e junte o açúcar.
3. Leve ao fogo médio por 15 minutos.
4. Coloque a fava de baunilha partida em dois.
5. Diminua o fogo e continue o cozimento em fogo brando por 2 horas, virando com freqüência os frutos.
6. Quando a calda começar a encorpar, tire com a escumadeira a espuma que se formar.
7. No final do cozimento o doce terá pouca calda.

CAJU

A 'ROSCA DE CAJU

A fruta e os derivados são citados nos livros: *Cacau; Jubiabá; O capitão de longo curso; Tereza Batista cansada de guerra; Tieta do Agreste; Tocaia Grande* e *O sumiço da santa*. Além da fruta ao natural são citados: o doce, o licor, a passa, o refresco e o suco.

Utilize as receitas gerais para fazer: batida, caipirinha, caipirosca, licor, refresco, suco, vitamina, doce em calda, fruta cristalizada, doce em pasta, doce de cortar, geléia, musse, sorvete, salada de fruta e salada salgada.
Fruto do cajueiro (*Anacardium occidentale*), árvore da família das anacardiáceas.
100 g de caju equivalem a 36 calorias e de castanha de caju a 600 calorias.

Vamos falar aqui do caju como um todo: a parte carnuda, que tem um sabor divino e é um pseudofruto, e a castanha, que é, na verdade, o fruto.

Essa conversa pode ser longa, pois tanto a castanha como o pedúnculo — que costumamos chamar de caju — são extraordinários. Para encurtá-la, o melhor é passar rapidamente pela castanha, mas não sem antes louvar-lhe o sabor maravilhoso que adquire ao ser torrada e salgada, servida como aperitivo. Imprescindível também cantar loas ao confeito de castanha de caju, aquele coberto de açúcar que fazem em Sergipe e que faz minha amiga Auta Rosa perder a cabeça. Maior ainda é a louvação pela sua união ao amendoim, ao leite de coco e ao dendê, para fazer a nossa "comida de azeite", a comida baiana mais africana. Sem a castanha de caju, que gosto teriam o vatapá, o caruru e o efó?

Já bastava a castanha para o caju ser eleito o maioral, mas tem mais, tem a parte suculenta, cheia de vitamina C, aquela que corta o efeito de qualquer cachaça, quando chupada assim ao natural — o turco Fadul que o diga. Com ela são feitas as melhores batidas e os melhores doces. Suco de caju, cajuína — especialidade piauiense —, batida de caju, vinho de caju, licor de caju, gostos variados, todos deliciosos. O estágio seguinte é o do sorvete: divino! E os doces? O caju em calda só perde para as passas de caju — aquelas que são feitas em São Cristóvão, em Sergipe, especialidade de Zilda, mulher do capitão Natário, de *Tocaia Grande* —, que têm lugar privilegiado no coração, na alma e na boca do escritor. Já contei uma vez, e repito agora, que meu pai, cuja enorme generosidade é cantada em prosa e verso, perde as estribeiras quando ganha caju-ameixa (outro nome dado às passas): esconde o doce, diz que já acabou, reclama quando servem à mesa.

Se você for convidado a comer com ele uma passinha de caju, pode ficar certo que está recebendo grande prova de amizade.

E a 'rosca de caju que dá nome ao capítulo? O nome e a bebida são invenções de Dadá e se pode tomar em O Tempero da Dadá, seja no restaurante do Pelourinho, seja no Alto das Pombas, ambos em Salvador, na Bahia. Trata-se de uma caipirosca — caipirinha de vodca — feita com os melhores cajus, escolhidos um a um, que são cuidadosamente amassados com açúcar e vodca, servido em copo longo com gelo. Depois de beber a 'rosca, comem-se os cajus que sobraram no fundo do copo.

Agora vou voltar à castanha, a ela madura, e a ela verde — sob forma de maturi —, para misturá-las com a carne do caju, com curry — o tempero indiano chama-se caril em português — e com leite de coco, para fazer um prato que fui inventando à medida que escrevia este livro. Eu o executei pela primeira vez no dia que pensei estar colocando o ponto final a este escrito — ilusão, aqui estou eu agora para escrever mais esta receita.

Meu compadre Aurélio chegou em minha casa trazendo belos cajus, eu havia comentado com ele que queria fazer uma experiência culinária; convidei papai e fomos juntos à feira de Itapuã comprar castanhas e maturis. Em casa mamãe acompanhou todos os passos da receita, surpreendendo-se com as qualidades do leite de coco em pó — eu uso o Coconut da Nestlé —, que ela não conhecia, e elogiando cada aroma que saía da panela à medida que os ingredientes iam sendo acrescentados, depois elogiou tanto o sabor final, que eu até desconfiei, vocês sabem, mãe é mãe, sempre suspeitíssima. Mas ela estava sendo sincera, ficou bom mesmo, bom e bonito, dourado, parecendo que tinha dendê. Nós o comemos com arroz e peito de frango grelhado, bem inocente. Receita aprovada por todos, posso passá-la adiante.

— *Forte como todos os demônios.*
— *Também pra isso tenho remédio. — Riu o turco e saiu porta afora.*
Nos fundos da casa crescia um cajueiro carregado de frutos maduros, amarelos e vermelhos. Fadul colheu uns quatro ou cinco:
— *Depois de beber, chupe um caju e o efeito passa.*

— *Não preciso disso. — Venturinha quase se ofendeu e engoliu de um trago a tiquira que o vendedor acabara de servir.*

(Tocaia Grande)

Da casa de Damiana evola-se apetitoso aroma de especiarias cozinhando ao forno, misturadas no leite de coco e na raspa de limão: baunilha e cravo-da-índia, canela, gengibre, amendoim e castanha de caju.

(O sumiço da santa)

Como sabem ou não sabem, maturi é o nome dado à castanha do caju quando ainda verde. Nós, baianos, mulatos gordos e sensuais, cultivados no azeite amarelo de dendê, no branco leite de coco e na ardida pimenta, utilizamos maturi num prato raro e especial de sabor. Aliás em mais de um, pois com a castanha verde do caju pode-se preparar moqueca ou frigideira.

(Tieta do Agreste)

CARIL AOS TRÊS CAJUS

INGREDIENTES
12 cajus grandes
1 l de maturi
1 punhado de castanhas de caju torradas e picadas
1 cebola média
1 dente de alho
1 tomate grande, sem pele e sem semente
1 pimentão vermelho pequeno
½ maço de cebolinha
½ maço de coentro
½ maço de hortelã
½ xícara de leite de coco grosso ou 1 colher de leite de coco em pó
1 colher de curry picante
2 colheres de azeite de oliva
sal a gosto

MODO DE FAZER
1. Descasque os cajus (com faca de aço inoxidável, para não ficar preto), fure com um garfo e esprema para sair todo o sumo.
2. Reserve o sumo.
3. Corte os cajus em pedaços não muito pequenos.
4. Corte o maturi em pedaços com a faca.
5. Corte todos os temperos bem miúdos — mas nada de liquidificador ou moedor.
6. Coloque numa panela o azeite, o alho e a cebola e deixe refogar.
7. Quando começar a dourar, junte os cajus, os maturis e os outros temperos, inclusive o sal.
8. Misture tudo muito bem, abaixe o fogo e tampe a panela.
9. Deixe cozinhar por 10 minutos.
10. Junte o sumo do caju ao refogado e mexa bem.
11. Deixe cozinhar mais 5 minutos e tire uma concha do caldo quente.
12. Neste caldo desmanche o curry e o leite de coco em pó, caso opte por ele, e junte de novo ao refogado, mexendo para misturar bem.
13. Deixe cozinhar em fogo brando por mais 10 minutos e junte as castanhas.
14. Aumente o fogo, deixe mais 3 minutos e está pronto.
15. Sirva com arroz e farofa de coco (ver receita no capítulo Coco).

CANA-DE-AÇÚCAR

CAYMMI E O CALDO DE CANA

A fruta e os derivados são citados nos livros: *Cacau; Jubiabá;* e *Capitães da areia; Seara vermelha; Os pastores da noite; Tenda dos milagres; Tereza Batista cansada de guerra; Tieta do Agreste; Tocaia Grande* e *O sumiço da santa.* Além da fruta ao natural são citados: a cana assada, o caldo de cana e a rapadura.

Pode-se comer a cana-de-açúcar assada. *Saccharum officinarum,* da família das gramíneas. 100 g de caldo de cana equivalem a 55 calorias.

Saccharum officinarum é a nossa cana-de-açúcar, a que nos dá o açúcar de todo dia, a que dá a rapadura e a cachaça que alimentam corpo e alma de tantos trabalhadores por este Brasil, nas fazendas, no sertão, no Sul da Bahia onde habitam os homens e as mulheres criados por Jorge Amado. Bons também o caldo de cana, o melado e a própria fruta cortada, fazendo os roletes para serem chupados por quem tem bons dentes, como Pedro Archanjo, ou mesmo para quem não tem nenhum, como a decana da Irmandade da Boa Morte: "Maria Pia nascera no tempo da escravidão. Não tinha dentes mas chupava roletes de cana, amassando-os com as gengivas".

Doido por caldo de cana é Dorival Caymmi. Uma vez fizemos juntos uma viagem de carro de Salvador para Paulo Afonso. Foi em meados dos anos 60, íamos — mamãe, papai, Norma Sampaio, Caymmi, Aurélio e eu — ao encontro do editor americano Alfred Knopf que vinha conhecer a cachoeira e passar uns dias conosco na fazenda de uns amigos pernambucanos. Logo no iniciozinho da estrada, Caymmi viu uma venda de caldo de cana, ficou radiante, a visão lhe deu enorme sede. Disse para Aurélio parar na próxima banquinha que avistasse. Ficamos todos de olho, mas que nada, nenhum caldo de cana se avistou mais. Percorremos os 470 quilômetros ansiosos, ouvindo Caymmi perguntar em vão: "Cadê meu caldo de cana?". Não teve mais nenhum. Não bebemos a garapa, mas comemos muita poeira, poeira de terra vermelha que tingiu os cabelos brancos do compositor. Ele dizia como consolo: "Não tomei caldo de cana, mas fiquei loirinho!". No final das contas a viagem foi um êxito total: a beleza da cachoeira, a simpatia dos anfitriões e dos Knopf, e... um caldo de cana na chegada a Salvador, pois Aurélio, sempre gentil e atento, não esqueceu de parar naquela vendinha, única a vender caldo de cana na estrada Salvador—Paulo Afonso.

Uma sobremesa gostosa é feita em Cabo Verde com abacate e mel de cana. Outra, deliciosa, é a cocada-puxa da Bahia, que leva rapadura dissolvida. Aí vão as duas.

A criança gemia. Jucundina levantou-a nos braços, começou a dar-lhe o chá. Noca sorvia a bebida doce — Jucundina pusera um pedaço de rapadura — em grandes sorvos. A febre aumentara os seus olhos que pareciam não pertencer àquele rosto chupado e assustado.

(Seara vermelha)

Sinhá Margarida andara ao léu. Acabara na Fazenda Fraternidade a vender caldo de cana. Os filhos já ajudavam os trabalhadores na juntagem, ganhando quinhentos réis por dia. Apesar de odiar o cacau, temia voltar para o Ceará com a seca.

(Cacau)

Lulu Santos andava à procura de Tereza, com receio de que tivesse sido vítima de uma cilada qualquer de Libório ou dos policiais. Conhecedor de todos os botequins de Aracaju, levou-os a tomar a cachaça comemorativa ali pertinho. Tereza apenas pousou os lábios no copo — não conseguira aprender a gostar de cachaça, essa aliás generosa, perfumada de madeira. O provisionado a tomava em pequenos goles, saboreando-a como se bebesse um licor de classe, um porto velho, um jerez, um conhaque da França. Mestre Gereba emborcara de um trago:
— Bebidinha mais ruim é cachaça, quem toma isso não presta. — A rir pediu outra dose.

(Tereza Batista cansada de guerra)

ABACATE COM MEL DE CANA

INGREDIENTES
3 abacates maduros
1 cálice de licor de laranja
mel de cana a gosto
folhas de hortelã

MODO DE FAZER
1. Lave os abacates e seque-os bem.
2. Corte o abacate ao meio, no sentido do comprimento, retire os caroços.
3. Com uma colherzinha retire a polpa delicadamente, de forma a não estragar as cascas.
4. Amasse a polpa de abacate com um garfo, misturando o mel de cana e o licor de laranja.
5. Coloque este creme nas cascas de abacate, e leve à geladeira.
6. Na hora de servir, enfeite com folhinhas de hortelã.

COCADA-PUXA

INGREDIENTES
1kg de rapadura
2 cocos ralados
1 colher (chá) de gengibre ralado
1 limão
½ xícara de água

MODO DE FAZER
1. Coloque a rapadura numa panela com ½ xícara de água e leve ao fogo para dissolver.
2. Rale o coco de costas (isto é, pela parte convexa) e não retire o leite.
3. Junte o coco e o gengibre ralados à rapadura dissolvida, ainda no fogo.
4. Mexa sem parar até que apareça o fundo da panela.
5. Junte o caldo de um limão, misture e retire do fogo.
6. Passe para uma compoteira.

CARAMBOLA

UMA ÁRVORE DE ESTRELAS

A fruta e os derivados são citados nos livros: *Tereza Batista cansada de guerra*; *Tieta do Agreste*; *Tocaia Grande* e *O sumiço da santa*. Além da fruta ao natural é citado o doce de carambola.

Utilize as receitas gerais para fazer: batida, caipirinha, caipirosca, licor, refresco, suco, vitamina, doce em calda, fruta cristalizada, doce em pasta, doce de cortar, geléia, musse, sorvete, salada de fruta e salada salgada.
Fruto da caramboleira (*Averrhoa carambola*), árvore da família das oxalidáceas.
100 g de carambola equivalem a 33 calorias.

Estou pensando num coletivo para estrelas, adivinhe qual é! Constelação? Errou, penso na caramboleira! Como numa noite estrelada, este arbusto se enche de astros luminosos, as carambolas. São centenas de frutos, inicialmente verdes, passando a amarelos, doces, saborosos, um quê de acidez, trazendo poesia para o pomar.

Discussões existem sobre sua origem: Índia, dizem alguns, Java ou Molucas, dizem outros, Vietnã ou China também são sugeridos; o botânico Cooke pensava ser a caramboleira nativa do continente americano. Terá a semente caído do céu? Por arte do agrônomo francês Paul Germain, ela chegou ao Brasil em 1817 e logo espalhou-se por todo o nosso litoral. O nome francês — *carambole* — acompanhou a fruta, que aqui ficou *carambola*. Ela já existia como *kurmurunga*, seu nome em sânscrito, como *kamaraga*, nas Maldivas, e *kamarak*, na Índia, e *camerunga*, em Angola, e *tamarta*, no Sri Lanka; mas é em inglês que seu nome é mais preciso: *star fruit* — a fruta-estrela.

Come-se carambola ao natural, mordendo diretamente a fruta, é uma delícia. As estrelas açucaradas, feitas em doce de calda ou passa, são lindas e gostosas, ficam aí estrelas cor de caramelo, translúcidas. Sorvetes e refrescos têm sabor delicado e refrescante. Uma sugestão: comer carambola — feita da forma que melhor souber a seu paladar — e sonhar, ouvindo "Chão de estrelas".

Em companhia de Ascânio, ao meio-dia, os dois engenheiros e o fiscal da obra comem o melhor almoço de suas vidas: pitus fritos, aferventados, escalfados com ovos, moqueca de peixe, galinha de molho-pardo, cabrito assado, carne-de-sol com pirão de leite. Doces de sabores raros: de jaca, carambola, groselha, araçá-mirim. Passas de caju e jenipapo. Refrescos de mangaba e de cajá. O sorumbático engenheiro-chefe comeu tanto, com tal disposição, a ponto de aflorar-lhe às faces desbotadas um ar de viço.

(Tieta do Agreste)

COCO

NA CULINÁRIA BAIANA E NAS FLORESTAS DA BIRMÂNIA

A fruta e os derivados são citados nos livros: *Cacau; Jubiabá; Mar morto;* e *Capitães da areia; Gabriela, cravo e canela; O capitão de longo curso; Dona Flor e seus dois maridos; Tenda dos milagres; Tereza Batista cansada de guerra; Tieta do Agreste; Tocaia Grande* e *O sumiço da santa.* Além da fruta ao natural são citados: a água de coco, a batida e vários tipos de cocada.

Utilize as receitas gerais para fazer: batida, licor, vitamina, doce em calda, fruta cristalizada, musse, sorvete, salada de fruta e salada salgada. Fruto do coqueiro (*Cocus nucifera*),

O coco seco é ingrediente fundamental da culinária baiana. Salgados ou doces, os pratos baianos se caracterizam pela presença perfumada e forte do coco. Mas a fruta existe autônoma, distinta do ingrediente, nos fornecendo uma água deliciosa e nutritiva (a água de coco verde é rica em potássio, sendo excelente remédio para desidratação), e uma polpa muito saborosa e rica em gordura.

Conta-se que ingleses e japoneses descobriram a água de coco e sua semelhança com o soro fisiológico nas florestas da Birmânia, durante a Segunda Guerra Mundial. Os coqueiros vieram fazer parte da paisagem baiana em 1553, trazidos pelos portugueses, e logo tomaram conta do litoral nordeste do Brasil. Há muito que se usufrui por aqui deste remédio gostoso, que permite que o organismo resista muito tempo ao sol quente sem ficar depauperado. Pelo menos no domínio da água de coco podemos nos sentir uns quatro séculos na frente de ingleses e japoneses, o que deve ajudar aos otimistas a manter o pensamento positivo. A verdade é que é gostoso estar na praia tomando uma água de coco verde, depois comendo sua carne, usando para isso uma pazinha tirada da própria casca do coco — não acredito que na barbárie da guerra tenha havido tempo para eles aprenderem também este requinte.

O doce de coco verde é uma especialidade, as demais cocadas e doces de coco são feitas com o coco seco, ou com leite de coco, como é o caso do Creme do Homem, doce que fez Adalgisa, de *O sumiço da santa*, suspirar e entregar a alma a Deus. O Creme do Homem pode ser feito utilizando uma receita básica de musse, colocando o leite de coco no lugar da polpa da fruta, e cobrindo-a com

árvore da família das palmáceas.
100 g de coco verde equivalem a 370 calorias e de coco seco a 630 calorias.

uma calda de chocolate, que se faz dissolvendo 200 g de chocolate meio-amargo com um pouco de leite e mais um copo de creme de leite fresco.

A farofa de coco é um excelente acompanhamento para pratos feitos com curry. Foi mamãe quem aprendeu a receita indonésia, em suas andanças pelo mundo, e a introduziu em nossa casa.

O trem parou na estação de Água-Branca. Molecotes vendiam cocos verdes. Na primeira classe compraram. A rameira comprou um. Começou a sorver a água dando grandes suspiros de satisfação. O trem partiu. A conversa recomeçou. A prostituta lembrou de oferecer água de coco aos companheiros:
— São servidos?

(Cacau)

Ajudava a velha Luísa a fazer o mungunzá e o mingau de puba que ela vendia à noite no Terreiro. Lavava o ralo, trazia os apetrechos, só não sabia ralar coco. Os outros meninos no princípio levaram na troça dizendo que ele era cozinheira, mas se calaram no dia em que Antônio Balduíno rebentou a cabeça de Zebedeu com uma pedrada.

(Jubiabá)

O doutor David Araújo receitou vida pacata, severo regime alimentar, comida regrada sem dendê, sem coco, sem pimenta, nem um pingo de álcool. Só faltou lhe proibir mulher. Talvez não o tenha feito pensando que Lídio já amarrou o facão, já não cuida disso. Impossível, doutor, proibir dendê e cachaça a um homem que vem de perder seus magros bens na coronha das armas, nas patas dos soldados, e recomeça do nada.

(Tenda dos milagres)

FAROFA DE COCO INDONÉSIA

INGREDIENTES
1 coco médio ralado
1 pitada de açafrão
1 colher (chá) de gengibre fresco ralado
1 colher (café) de açúcar
sal a gosto

MODO DE FAZER
1. Rale o coco e esprema, retirando um pouco de leite (apenas o equivalente a 2 colheres).
2. Dissolva neste leite de coco uma pitada de açafrão.
3. Misture o leite com açafrão com o coco ralado.
4. Misture o açúcar, o sal e o gengibre.
5. Coloque numa assadeira, bem espalhado, e leve ao forno para torrar, mexendo de vez em quando.
6. Sirva acompanhando pratos feitos com curry.

FRUTA-PÃO

NA PAISAGEM DA BR-101

A fruta e os derivados são citados nos livros: *Tieta do Agreste, Tocaia Grande* e *O sumiço da santa*. Além da fruta ao natural ela é citada cozida.

Pode-se comer a fruta-pão assada, cozida e frita. Utilize as receitas gerais para fazer muitos dos pratos que se faz com pão e com batata, como purê, rocambole e vatapá. Fruto da *Artocarpus incisa*, árvore da família das moráceas. 100 g de fruta-pão equivalem a 144 calorias.

Você já viu um pé de fruta-pão? Não?! Não sabe o que está perdendo. É lindo! Me desculpe, mas dizer lindo é pouco, é deslumbrante!

Por viajar muito entre o Rio e a Bahia pela BR-101, acabei fazendo um roteiro da estrada, quilômetro por quilômetro. Não me ative somente às necessidades de ordem física — postos de gasolina, bares, banheiros, hotéis —, marquei também aquilo que atende às necessidades da alma. Por isso aqui vai a dica: saindo do Rio — do bairro do Flamengo, onde se deve zerar o marcador de quilometragem —, ao chegar nas imediações do quilômetro 429, próximo à cidade de Iconha, fique olhando à direita e vai ver um lindo pé de fruta-pão; ainda no Espírito Santo, perto da lanchonete Guatemala — onde se pode lanchar um bom caldo de cana com pastel —, por volta do quilômetro 601 está outro fruta-pão belíssimo. O bom conselho é que a partir deste trecho você não tire mais os olhos da beira da estrada — salvo se você for o motorista, é claro! —, pois existem muitos outros, todos bonitos demais (sobretudo se acontecer no verão, quando estarão carregados de frutos). Garanto que a beleza desta árvore vai diminuir a sensação de cansaço e fazer a viagem mais agradável.

E esta fruta tão estranha, que não tem doce nenhum, como é que se come? Ora essa, é fácil: basta cortar em quatro, tirar o talo central e cozinhar, depois tirar a casca e passar manteiga em cima! É assim que se come na Bahia, no café da manhã ou no lanche do fim do dia, que substitui o jantar. Pode-se fazer com a fruta-pão aquilo que se faz com a batata e com o pão. Clara Velloso me ensinou um rocambole de fruta-pão, que pode ser recheado com carne ou camarão. Aurélio Sodré, que sabe muita coisa, me garante que o vatapá de fruta-pão é mais fino e

delicado que o de pão. As receitas antilhanas com fruta-pão a utilizam como se fosse batata ou outro tubérculo, fazendo croquetes, chips e suflês.

Detiveram-se no descampado onde os condutores dos primeiros comboios a pernoitar naquele sítio haviam construído uma espécie de toldo de palha, precário abrigo contra o sol e a chuva. Ali acendiam fogo, assavam charque, cozinhavam inhame e fruta-pão, ferviam café e praticavam sobre a vida e a morte ou seja sobre a lavoura de cacau, tema eterno e apaixonante.

(Tocaia Grande)

Danilo acabou de se vestir, foi buscar no batente da porta o exemplar de assinatura de A Tarde, sentou-se na espreguiçadeira para saber das novidades enquanto aguardava que o café fosse servido. Lia o noticiário sobre o furto da imagem quando Dadá veio da cozinha trazendo a bandeja com talhadas de fruta-pão, o queijo-de-minas e os biscoitos de canela.

(O sumiço da santa)

É isso que você come em casa no café da manhã — Tieta aponta as raízes de aipim, de inhame, as batatas-doces. A verde fruta-pão.

(Tieta do Agreste)

SUFLÊ DE FRUTA-PÃO

INGREDIENTES
½ fruta-pão
3 ovos
250 g de creme de leite fresco
50 g de manteiga
sal a gosto
pimenta-do-reino a gosto

MODO DE FAZER
1. Descasque a fruta-pão, tire o talo central e leve ao fogo com água para cozinhar.
2. Faça um purê com a fruta-pão cozida e incorpore nele a manteiga.
3. Acrescente o creme e as gemas e misture bem.
4. Tempere com sal e pimenta-do-reino.
5. Bata as claras em neve bem firme com uma pitada de sal.
6. Incorpore cuidadosamente as claras em neve ao purê de fruta-pão.
7. Unte com manteiga um prato refratário e coloque nele a mistura obtida.
8. Leve a forno preaquecido muito quente e depois reduza a temperatura.
9. Leva de 15 a 20 minutos para assar.

GOIABA

A GOIABEIRA DE TEREZA BATISTA

A fruta e os derivados são citados nos livros: *Jubiabá; Gabriela, cravo e canela; O capitão de longo curso; Tereza Batista cansada de guerra; Tieta do Agreste; Tocaia Grande* e *O sumiço da santa*. Além da fruta ao natural são citados: o doce, a goiabada e o queimado de goiaba.

Utilize as receitas gerais para fazer: batida, caipirinha, caipirosca, licor, refresco, suco, vitamina, doce em calda, fruta cristalizada, doce em pasta, doce de cortar, geléia, creme, musse, sorvete, salada de fruta e salada salgada.
Fruto da goiabeira (*Psidium guajava*), árvore da família das mirtáceas.
100 g de goiaba equivalem a 40 calorias.

"Goiaba de japonês", é assim que Tieta chama as goiabas grandes e sem gosto que se compram em São Paulo, cujo cultivo foi introduzido pelos japoneses. Para ela — e para mim também — goiaba boa é aquela menorzinha, perfumada, de preferência com um bichinho dentro — o bicho a gente tira fora, a goiaba escolhida por ele, um perito, será sempre excelente. Melhor ainda quando é colhida no pé, aquela que de tão boa e agreste serviu para Jorge Amado mostrar a inocência e a pureza de Tereza Batista e de Gabriela: ambas sobem na goiabeira para colher goiaba, e a comem ali mesmo, com um imenso prazer e sentimento de felicidade.

Os doces feitos com goiaba são famosos. A rainha é a Goiabada Cascão, vem seguida de perto pelo doce de goiaba em compota, a goiabada cremosa — que serve de recheio para o Pio IX —, o sorvete e o suco, a musse e a bala de goiaba — chamada de queimado, na Bahia. Se os doces são famosos, já sua utilização em pratos salgados é menos conhecida. Nesta curiosa receita de vitela, uma milanesa — eu diria baianesa, se a receita não fosse original da ilha da Reunião — onde a farinha de pão é substituída por coco ralado, a goiaba dá o toque especial.

Meninota, no caminho da escola, Elisa vinha pedir a bênção à sua mãe-de-umbigo, Dona Milu; regalava-se com queimados feitos de goiaba e coco, uma gostosura.

(Tieta do Agreste)

Pela janela da saleta pobre, o capitão brechava o olho cúpido da menina solta no capinzal, montada nas goiabeiras, em saltos e correrias, às voltas com o vira-lata. No alto da árvore, mordia uma goiaba. Parecia um moleque, o corpo esguio, os peitos apenas despontando na chita da blusa, o saiote no meio das coxas longas.

[...]

— Tereza! — chama: — Vem cá, diabo.
A menina engole o pedaço de goiaba, despenca da árvore, correndo invade a casa, o suor brilha no rosto de cobre, a alegria nos olhos e nos lábios:
— Chamou, tia?
— Sirva o café.
Ainda a sorrir, vai pela bandeja de flandres.

(Tereza Batista cansada de guerra)

Chegava o Doutor, falava em Ofenísia, ele ouvia Gabriela. Jogavam o Capitão e Felipe, seu rir cristalino soava no bar. Pior ainda em casa: em cada canto a enxergava, a cozinhar no fogão, a sentar-se ao sol no batente da porta, a morder goiabas no quintal, a apertar a cara do gato contra seu rosto, a mostrar o dente de ouro, a esperá-lo sob o luar no quartinho dos fundos.

(Gabriela, cravo e canela)

BIFES DE VITELA COM GOIABA

INGREDIENTES
4 bifes de vitela
8 goiabas maduras
1 xícara de coco ralado
2 ovos
1 colher (chá) de gengibre ralado
grãos de coentro moídos
sal e pimenta a gosto
manteiga que baste
1 colher (chá) sumo de limão

MODO DE FAZER
1. Descasque as goiabas, tire os caroços e corte em cubos.
2. Tempere os bifes de ambos os lados com sal, pimenta e coentro moído.
3. Bata os ovos e passe por eles os bifes, passando em seguida no coco ralado.
4. Frite os bifes na manteiga quente.
5. Misture o gengibre com o que sobrou de coco ralado.
6. Passe os cubos de goiaba nos ovos batidos e depois no coco ralado com o gengibre.
7. Leve a assar em forno moderado, salpicando por cima o sumo de limão.
8. Retire quando estiver moreno.
9. Espalhe a goiaba assada sobre os bifes e sirva com arroz branco.

GRAVIOLA

UM CORAÇÃO VERDE

A fruta e os derivados são citados nos livros: *Tieta do Agreste*, *Tocaia Grande* e *O sumiço da santa*. Além da fruta ao natural são citados: o sorvete e o suco.

Utilize as receitas gerais para fazer: batida, licor, refresco, suco, vitamina, doce em calda, doce em pasta, geléia, creme, musse, sorvete e salada de fruta. Fruto da *Anona muricata*, árvore da família das anonáceas. 100 g de graviola equivalem a 67 calorias.

Também conhecida como jacama, jaca-de-pobre, coração-de-boi ou araticum-do-grande, a graviola precisa estar bem madura para ser comida ao natural, e mesmo assim não é desta maneira que ela é mais apreciada. No Brasil ela é mais conhecida pela qualidade do seu sabor em sorvetes e sucos. Li que na Índia faz-se graviola com ovos batidos, fiquei me perguntando como, fui procurar a receita e achei um creme doce feito com gemas e um *beignet* de graviola (graviola passada numa massinha fina feita de ovos e farinha e frita em gordura), ambos muito apetitosos, não sei se fazem assim na Índia. Dou a receita do *beignet* para quem quiser experimentar.

Fruta grande, em forma de coração, ela é verde com casca espinhosa e sua polpa é muito branca e perfumada. É esta polpa que tem sido congelada e enviada do Norte e do Nordeste para o resto do país. A popularidade da fruta cresce: a Kibon já faz picolé de graviola; no Rio de Janeiro ela chega e vira logo sorvete na Mil Frutas, um sorvete bem-feito que ajuda a matar as saudades de casa, para aqueles que estão fora, e que apresenta um pouco do cheiro e do gosto de cá de cima para aqueles que nunca vieram por aqui, cheiro e gosto agreste de um grande coração verde.

Quando o movimento cessou, após o banho no rio, a carne-seca chamuscada e a madura graviola, saíram a andar pelo lugarejo. As raparigas espiavam das entradas das choupanas, saudavam galhofeiras.
(Tocaia Grande)

Que fruta é essa que parece pinha? Condessa. E essa maior? Jaca-de-pobre, o sorvete é sublime. Leonora quer ver de perto, quer tocá-la. Curva-se, exibe a calçola diminuta sob a minissaia.
(Tieta do Agreste)

BEIGNET DE GRAVIOLA

INGREDIENTES
1 graviola grande
suco de 1 limão
2 ovos
½ xícara de vinho branco
1 pitada de sal
½ xícara açúcar
1 xícara de farinha
óleo ou manteiga para fritura
açúcar de confeiteiro para polvilhar

MODO DE FAZER
1. Descasque a graviola, corte em fatias e tire as sementes.
2. Regue a graviola com o sumo de limão e deixe absorver.
3. Faça uma massinha fina batendo juntos as gemas, o vinho, o açúcar, o sal e a farinha e adicionando as 2 claras batidas em neve.
4. Mergulhe as fatias de graviola na massinha e frite em manteiga ou óleo quente até ficarem douradas de ambos os lados.
5. Passe para um papel absorvente.
6. Polvilhe com açúcar de confeiteiro.

GROSELHA

O DOCE DE DONA CANÔ

A fruta e os derivados são citados nos livros: *Dona Flor e seus dois maridos*; *Tereza Batista cansada de guerra*; *Tieta do Agreste* e *Tocaia Grande*. Além da fruta ao natural são citados: o doce e o licor.

Utilize as receitas gerais para fazer: licor, refresco, suco, vitamina, doce em calda, fruta cristalizada, geléia, sorvete. Fruto da groselheira (*Phyllanthus acidus*), arbusto da família das euforbiáceas.
100 g de groselha equivalem a 30 calorias.

A groselha da qual falamos aqui não é a européia, a *Rubus rubrum*, que no Brasil só dá no Sul, em locais frescos e altos. A nossa é a groselha-da-índia, a *Phyllanthus acidus*, que também chamam é de pitanga-branca — não pelo fruto ser branco, mas pela madeira ser muito clara. Ela tem a mesma forma da carambola, da pitanga, mas só ganha sua linda cor vermelha escura quando cozida com açúcar, feita em doce ou licor. Não é habitual se comer groselha crua, normalmente ela é usada para doces, geléias e licores. Por falar em licor, o de groselha, na opinião abalizada de Tieta, é divino.

O doce de groselha que aparece na foto foi preparado especialmente para este livro por dona Canô Velloso, que tem muito saber no que diz respeito à culinária, à amizade, à alegria e à bondade.

Farta mesa de doces e salgados, atiraram-se indômitas as comadres. Marilda e a empregada serviam licores feitos em casa: de ovos, de violetas, de groselha, de umbu, de araçá, cuja gostosura levou o farmacêutico a risonho engano:

— Ah! Esses licores são excelentes. São feitos pelas freiras do convento da Lapa, não é?
Porque o paladar lhe soubera conhecido, idêntico a outros degustados em casa também acolhedora, assim confortável de calor humano. Riram, porém,

de sua certeza e mesmo como hipótese não quiseram aceitar, considerando-a quase um insulto: não tinha ele por acaso notícia dos dons de dona Flor? Não apenas cozinheira insuperável, doceira sem rival, mas também mestra em licores; os das freiras, da Lapa, do Desterro ou dos Perdões eram xaropes, xaropes de farmácia, seu doutor, não podiam comparar-se aos de sua noiva, nem de longe.

(Dona Flor e seus dois maridos)

JABUTICABA

A JABUTICABEIRA DA ESCOLA DE ZÉLIA

Não são citados em nenhum livro nem a fruta nem seus derivados, mas é fruta do agrado de muitos, e marcante na infância de Zélia Gattai.

Utilize as receitas gerais para fazer: batida, caipirinha, caipirosca, licor, refresco, suco, vitamina, doce em pasta, geléia, musse, sorvete, salada de fruta e salada salgada.
Fruto da jabuticabeira (*Myrciaria cauliflora*), árvore da família das mirtáceas.
100 g de jabuticaba equivalem a 44 calorias.

Quando minha mãe era menina, na sua escola tinha uma jabuticabeira. A árvore estava lá carregada, as frutinhas bem redondas e pretas grudadas no tronco, mas era proibido tocar, ninguém estava autorizado a tirar uma que fosse do pé. Ela adorava jabuticaba, mas era bem-comportada e ficava só olhando, com vontade. Um dia um colega matou seu desejo, trouxe-lhe um saquinho cheio de jabuticabas fresquinhas, recém-colhidas da jabuticabeira da escola. O menino não podia ter acertado mais, o presente agradou em cheio, Zélia passou a notar o apaixonado.

Acontece que uns dias depois a diretora a chamou e pediu que viesse no dia seguinte à escola acompanhada do pai. Sem receber maiores explicações, Zélia voltou para casa aterrorizada. O que será que queriam com seu pai? Certamente uma reclamação. Mas por quê? Pelo caminho foi dando tratos à bola e antes de conversar com seu Ernesto chegou à conclusão que era por causa da jabuticaba. Quando meu avô pediu que ela explicasse tudo direitinho, ela já foi falando do saquinho de jabuticabas e da proibição de colher a fruta na escola. Vovô Ernesto, bom anarquista, não se conformou. "Se for isso, essa diretora vai ouvir! Onde já se viu tirar um pai de família de seu trabalho por uma besteira dessas?!"

Mas não era isso, comer jabuticabas não era o crime, aliás nem crime havia. Ela vinha de ser escolhida a melhor aluna da cidade de São Paulo, "Zélia, a esperança do Brasil", como saiu n'*O Estado de S.Paulo* alguns dias depois, titulando a foto da menina aplicada, comedora de jabuticabas.

Uma ótima pedida para se fazer com esta fruta é o Kir Royal. A experiência feita no Brasil de substituir o creme de cassis por licor de jabuticaba deu certíssimo, os conhecedores — brasileiros e franceses — foram unânimes em considerar que a mistura foi perfeita.

KIR ROYAL DE JABUTICABA

INGREDIENTES
1 dose de licor de jabuticaba
champanhe *brüt*

MODO DE FAZER
1. No fundo de uma *flûte* de champanhe coloque uma dose de licor de jabuticaba e complete-a com champanhe *brüt* de boa qualidade, bem fria.
2. Se preferir pode fazer com vinho branco seco, o Kir deixa de ser Royal, mas continua bom.

JACA

VAMOS COMER UMA JAQUINHA?

A fruta e os derivados são citados nos livros: Cacau; Terras do Sem Fim; Gabriela, cravo e canela; Os pastores da noite; Tereza Batista cansada de guerra; Tieta do Agreste; Tocaia Grande e O sumiço da santa. Além da fruta ao natural é citado o doce em calda.

Utilize as receitas gerais para fazer: batida, caipirinha, caipirosca, licor, refresco, suco, vitamina, doce em calda, fruta cristalizada, doce em pasta, doce de cortar, geléia, sorvete, salada de fruta e salada salgada.
Fruto da jaqueira (Artocarpus integra), árvore da família das moráceas.
100 g de jaca equivalem a 52 calorias.

Se fosse possível eleger uma fruta para representar a obra de Jorge Amado — excluindo o cacau, cuja forte presença tem uma significação mais econômica do que alimentar —, essa fruta seria a jaca. O trecho de *Os pastores da noite* que escolhi para a abertura deste livro, mostrando a fruta como elemento fundamental para uma reconciliação entre amigos, por si só já bastaria para dar à jaca este título, mas não se limita a este o seu papel. Na zona cacaueira ela é imprescindível, seja para a própria cultura do cacau, que precisa do sombreamento que ela dá, seja para a sobrevivência dos trabalhadores, que encontram nestes grandes frutos, oferecidos de graça pela natureza, muitos dos nutrientes que precisam para viver. Mole ou dura, os dois tipos que disputam as preferências têm o sabor, o perfume e a doçura da vida.

Papai conta que meu avô João Amado, quando estava em sua fazenda, comia todos os dias, antes do café da manhã, uma jaquinha inteira, de uns cinqüenta bagos. Acho que foi a lembrança deste hábito de seu pai que lhe deu a idéia de dar jaca a Isaías antes do almoço.

Deixa eu contar direito a história: Isaías, meu amigo, estava com uns quinze anos — aquela idade em que a fome é incomensurável —, quando foi passar férias na Bahia, hóspede da casa do Rio Vermelho. Não havia comida que chegasse, então papai resolveu dar mangas para ele comer de aperitivo, antes das refeições. Cinco, seis mangas-rosas ou itiúba, das grandes, não conseguiram reduzir em nada o apetite do adolescente. Foi quando papai se lembrou da jaquinha que seu pai comia de manhã. Mandou Aurélio ao mercado comprar uma jaca das grandes e combinou com o Isaías que ele abriria a fruta e tiraria os bagos (o que é o pior serviço), com direito a comer um pouco antes do almoço, o resto seria servido de sobremesa. O "resto" coube num prato pequeno e o Isaías almoçou com o mesmo entusiasmo de antes. Papai não esmoreceu, no dia seguinte entregou outra jaca ao jovem, recomendando que não comesse mais do que cinqüenta bagos antes do almoço, ele viria à cozinha contar os caroços. Assim fez: exatos cinqüenta caroços estavam ali, limpinhos, e, curiosamente, um pratinho ainda menor continha o resto da fruta. Isso repetiu-se ainda umas vezes; como não dava resultado, e com medo de que Isaías passasse mal de tanta jaca, papai resolveu abrir mão de artifícios e deixar a força da natureza solta.

Anos depois, vendo Isaías — já homem feito — comer jabuticabas e engolir os caroços, fiquei alarmada: "Você vai passar mal, ter uma congestão!". A resposta veio pronta: "Eu não passei mal com caroço de jaca...". Pois é, naquelas férias baianas, quando a conta chegava aos cinqüenta bagos permitidos, ele passava a engolir os caroços para não deixar provas.

Se jaca com caroço não mata, já comê-la e depois beber cachaça é desaconselhável, já dizia Curió, um dos pastores da noite. Pelo sim, pelo não, não aconselho ninguém a experimentar. Se desejarem comer caroço de jaca, não façam como Isaías, que, protegido pelo anjo dos adolescentes, escapou de uma bela congestão: basta cozinhar o caroço sem pele e se terá alimento saboroso e saudável, parecido com a castanha portuguesa.

Jaca! Jaca! Os garotos trepavam nas árvores como macacos. A jaca caía — tibum — eles caíam em cima. Daí a pouco restava a casca e o bagunço que os porcos devoravam gostosamente.
Os pés espalhados pareciam de adultos, a barriga enorme, imensa, da jaca e da terra que comiam... A maioria deles desde os cinco anos trabalhava na juntagem. Conservavam-se assim enfezados e pequenos até os dez e doze anos. De repente apareciam homens troncudos e bronzeados. Deixavam de comer terra mas continuavam a comer jaca.
(Cacau)

Por que não permanecer ali para sempre, naquele vale idílico, igual aos animais que se aqueciam ao sol, estirados sobre as pedras, calangos e teiús —
aprendera com os alugados a comer carne de teiú e a saboreá-la, lambendo os beiços e os dedos. Sobrava comida, fartura de caças e frutas, jacas olorosas, a água pura descia da nascente, o paraíso.
(Tocaia Grande)

— Um trago? Pra comemorar?
Curió bem deseja mas lembrou:
— A gente comeu jaca, faz mal.
— É mesmo. Cachaça com jaca é congestão na certa.
(Os pastores da noite)

Rasgava com as mãos potentes a jaca mole, amarela ânfora de mel; com os dedos retirava os bagos suculentos, o sumo escorria-lhe pelo canto da boca.
(Tocaia Grande)

JAMBO

O COMÉRCIO DE JORGINHO

A fruta é citada nos livros: *Tocaia Grande* e *O sumiço da santa*.

Utilize as receitas gerais para fazer: batida, licor, refresco, suco, vitamina, doce em calda, doce cristalizado, geléia, sorvete, salada de fruta e salada salgada
Fruto do jambeiro (*Eugenia jambos*), árvore da família das mirtáceas.
100 g de jambo equivalem a 22 calorias.

Na casa do Rio Vermelho tem um lindo jambeiro perto da varanda. Árvore boa de subir, eu ainda me aventurei, nos meus doze anos, quando nos mudamos definitivamente para a Bahia. Depois foram chegando os netos — nossos filhos — e eles tiveram a oportunidade desta experiência deliciosa que é trepar em árvore para comer a fruta no pé, no caso trepar no jambeiro do jardim e comer seus jambos cor de maravilha. Atualmente é o mais novinho, o Jorginho, quem tem este prazer. Ele não come todos os jambos que colhe, pois resolveu comercializá-los. Os clientes — avós (por sinal, donos do jambeiro), pais e tios — compram com prazer os frutos gostosos, a preço razoável, desta forma incentivando um dom para o comércio, que pela primeira vez se manifesta na família. Estou certa de que finalmente este lado turco do sangue dos Amado resolveu se mostrar na pessoa do jovem Jorge A. Neto, incentivado pelo jambeiro do jardim da casa do Rio Vermelho.

Os cestos de frutas, suntuosos: manga-espada, carlota, coração-de-boi e itiúba, manga-rosa, sapotas, sapotis, cajás, cajaranas, cajus, pitangas, jambos, carambolas, onze classes de bananas, talhadas de abacaxi, melancia. Tudo pela hora da morte, contudo as barracas não davam abasto à clientela vasta e voraz — comilança à tripa forra.

(O sumiço da santa)

JENIPAPO

O LICOR DO SÃO-JOÃO

A fruta e os derivados são citados nos livros: *Jubiabá; Gabriela, cravo e canela; O capitão de longo curso; Os pastores da noite; Dona Flor e seus dois maridos; Tereza Batista cansada de guerra; Tieta do Agreste* e *Tocaia Grande*. Além da fruta ao natural são citados: o licor, a jenipapada, a passa e o vinho.

Utilize as receitas gerais para fazer: fruta cristalizada, jenipapada, licor, sorvete. Fruto do jenipapeiro (*Genipa americana*), árvore da família das rubiáceas. 100 g de jenipapo equivalem a 67 calorias.

A *Genipa americana*, o próprio nome já diz, é árvore das américas. Segundo Pio Correa, o suco de jenipapo foi devidamente mencionado nos relatórios dos primeiros navegadores que chegaram a este continente. Já naquele tempo era imensamente apreciado no Brasil, no México e nas Antilhas. Só que o suco referido não era usado como alimento e sim como tintura para tecidos, cerâmicas etc.

Jenipapo não é uma fruta fácil de se comprar, pois é indispensável ser bem escolhida. O segredo está no amarfanhado de sua pele, sem que, no entanto, a fruta esteja passada. Jorge Amado é um especialista: por gostar muito, aprendeu a escolhê-los e até a fazer a jenipapada. É dele — com ajuda de Zélia — a receita dada neste capítulo.

O jenipapo, além de alimento saboroso, seja em forma de doce ou de licor, tem também poderes medicinais, como ensina Tieta a Leonora, e poderes afrodisíacos, segundo os cubanos, povo conhecedor.

O licor não pode faltar nas festas de São João, seja nas do interior, feitas nas fazendas de cacau, seja nas de Salvador. Especialistas no seu preparo são muitas: dona Flor encabeça a lista, seguida de Cotinha — aprendeu com as freiras no convento — e Zilda, de *Tocaia Grande*; das irmãs Moraes, de *Tereza Batista cansada de guerra*; das irmãs Quinquina e Florzinha, de *Gabriela, cravo e canela*; de dona Aída, de *Tieta do Agreste*. Os doces também são especiais, sobretudo a passa que ganha forma de folha recortada, é bonito, crocante, um pitéu elogiado por seus apreciadores. Se quiser comprar doce de jenipapo já pronto, sugiro mais uma ida a Sergipe, onde se mantém a tradição do trato do jenipapo. Aliás, ir a Sergipe é sempre bom.

Aliás, tampouco Cotinha mudou de praça, também ela arrepiou caminho. Ao ouvir falar na festa de São João que o negro estava preparando, mais que depressa foi se oferecer para fabricar o indispensável licor de jenipapo: os frutos tombavam das árvores, apodreciam no chão.
— E ocê sabe fazer?
Aprendera com as freiras na cozinha do convento, em São Cristóvão, cidade Sergipana onde nascera.

[...]

Com a ajuda de Epifânia, a laboriosa Cotinha tratava jenipapos, descascando-os, retirando as sementes amargas, espremendo-os para transformar depois o suco em licor.
(Tocaia Grande)

Cajus, não há fruta igual para a saúde. A não ser jenipapo, que cura até doença do peito. Você precisa comer jenipapada para ficar forte. E o gosto? Para mim, não há nada mais gostoso. Vamos comprar agora mesmo; o jenipapo quanto mais encarquilhado melhor. Tieta escolhe, conhecedora.
(Tieta do Agreste)

JENIPAPADA

INGREDIENTES
2 jenipapos
3 colheres de açúcar

MODO DE FAZER
1. Lave os jenipapos e enxugue-os bem.
2. Descasque os jenipapos, corte-os ao meio, tirando os caroços e a película crespa que fica entre os caroços e a polpa.
3. Corte os jenipapos em tirinhas e misture com açúcar.
4. Coloque numa tigela, cubra e deixe na geladeira por dois dias, para macerar (ele minará bastante caldo).
5. Sirva bem fresco.

JURUBEBA

JURUBEBA LEÃO DO NORTE

A jurubeba é uma planta da família das solanáceas. Sua utilização na literatura de Jorge Amado é sempre na forma de licor ou de vinho, o famoso Vinho de Jurubeba Leão do Norte. É considerado "um néctar" por Chico Pacheco, concorrente do comandante Vasco Moscoso ao título de padrinho da festa de São João da cidade de Periperi. Também é São João em *Tereza Batista*, quando outro Chico, o Meia-Sola, sai para beber licores, entre eles o de jurubeba.

> Os derivados da fruta são citados nos livros: *O capitão de longo curso*; *Tereza Batista cansada de guerra* e *O sumiço da santa*. São citados: o licor e o vinho de jurubeba.

> Utilize receitas gerais para fazer: geléia, licor e vinho Fruto da *Solanum grandiflorum* da família das solanáceas. 100 g de jurubeba equivalem a 41 calorias.

Quando a notícia foi conhecida em Periperi, Chico Pacheco encolerizou-se. Fizera saber ao padre, há mais de um mês, ser candidato, mandara-lhe um capão de presente e uma garrafa de vinho de jurubeba, marca Leão do Norte, um néctar. E, de repente, era apunhalado pelas costas, miseravelmente traído.

(O capitão de longo curso)

Dona Canô distribuía entre os voluntários um santinho colorido: na frente, reproduzida em cores, a imagem da Santa, no verso dados contestáveis, de duvidoso valor histórico, refugo da festa passada, promoção de uma fábrica de bebidas, especializada em licor de jurubeba.

(O sumiço da santa)

LARANJA

A DENTADURA DE CASCA DE LARANJA

A fruta e os derivados são citados nos livros: Jubiabá; Mar morto; Capitães da areia; Gabriela, cravo e canela; O capitão de longo curso; Os pastores da noite; Dona Flor e seus dois maridos; Farda fardão camisola de dormir; Tereza Batista cansada de guerra; Tieta do Agreste e Tocaia Grande. Além da fruta ao natural são citados: o doce em calda, o grogue, o licor e o ponche.

Utilize as receitas gerais para fazer: batida, caipirinha, caipirosca, licor, refresco, suco, vitamina, doce em calda, fruta cristalizada, doce em pasta, doce de cortar, geléia, creme, musse, sorvete, salada de fruta e salada salgada.

    Que fruta formidável e variada é a laranja! Laranja-da-baía, com seu umbigo, a rainha de todas, cortada em duas bandas, a banda do umbigo é a melhor, a mais disputada; laranja-lima, docinha, sem acidez, boa para neném pequeno beber em suco; laranja-seleta, um mel, servida cortadinha com a feijoada, contrabalança a gordura das carnes de sal-presa; laranja-pêra e laranja-natal, boas para fazer suco; laranja-da-terra, amarga, de casca grossa, ideal para aquele doce que dona Canô faz para Maria Bethânia; laranja sangüínea da Sicília, além de deliciosa, bonita. Cheia de vitamina C, com a laranja se faz de um tudo: doces, bolos, pudins, sopas, sucos, drinques, ela é indispensável na feijoada e desejável em outras comidas de sal. Com laranja é feito o grogue, bebida de marinheiro, que o comandante Vasco Moscoso de Aragão oferece aos amigos de Periperi, e de quebra ainda ensina a fazer. Laranja se come, se chupa, se bebe, da flor as abelhas fazem mel e as modistas, buquê de noiva, da casca se faz doce, geléia e... dentadura!

    Ao falar de laranja não posso perder a oportunidade de ensinar aqui a fazer dentadura de casca de laranja. É uma receita para mães, pois são as mães que fazem este disfarce para alegrar os filhos — a minha mãe fazia para mim, eu fiz (e faço ainda) para Mariana e Cecília, elas farão para seus filhos. Pegue uma laranja com casca firme — não precisa e nem deve ser muito grossa — e corte em cruz, passando sempre pelo ponto do cabinho. Tire a casca de cada um dos quartos de laranja e terá a base para quatro dentaduras. No centro do pedaço de casca faça um corte no sentido horizontal, sem que chegue às pontas, isto é, sem separar em duas partes. Depois dê pequenos cortes no sentido vertical pegando a

Fruto da laranjeira (designação de várias espécies de *Citrus*), árvore da família das rutáceas. 100 g de laranja equivalem a 52 calorias.

parte de cima e a de baixo. Agora é só colocar na boca, sobre os dentes, sob os lábios, com o lado branco virado para fora e dar um belo sorriso. Os filhos adoram!

Ofereceu um pedaço de caixão a Pedro Bala. Boa-Vida se acocorou na sua frente. Num canto, uma negra velha vendia laranja e cocada, vestida com uma saia de chitão e uma anágua que deixava ver os seios ainda duros apesar da sua idade. Boa-Vida ficou espiando os peitos da negra, enquanto descascava uma laranja que apanhara no tabuleiro...
Boa-Vida, que chupava a terceira laranja, interrompeu seu sonho:
— Tá pensando na morte da bezerra, seu mano?

(Capitães da areia)

Foram-se habituando a vir à casa do comandante espiar o céu, ouvir histórias. O comandante preparava um grogue saboroso, receita aprendida de um velho lobo-do-mar, nas bandas de Hong Kong. Levava meia hora a aprontá-lo com a ajuda da mulata Balbina. Era todo um ritual. Esquentavam água na chaleira, queimavam açúcar numa pequena frigideira. Descascavam uma laranja, picavam a casca em pedacinhos. Tomava então o comandante de uns copos azuis e grossos (pesados para não tombarem com o jogo do navio), depositava em cada um deles um pouco de açúcar queimado, um trago de água, outro de conhaque português, enfeitava com a casca de laranja.

(O capitão de longo curso)

Em casa de Dona Carmosina, enquanto Dona Milu serve doce de casca de laranja-da-terra, Aminthas assume pose de orador.

(Tieta do Agreste)

O velho Francisco fez um gesto. Estavam na beira do cais e no mercado vizinho vendiam laranjas e abacaxis.

(Mar morto)

ROCAMBOLE DE LARANJA À MINHA MANEIRA

INGREDIENTES
pão-de-ló:
8 gemas
4 colheres de açúcar
2 colheres de farinha de trigo
manteiga e farinha de trigo para untar a fôrma
calda:
1 copo grande de suco de laranja
½ xícara de açúcar

MODO DE FAZER
1. Bata as gemas na batedeira, acrescentando aos poucos o açúcar. Elas devem ficar esbranquiçadas e dobrar de volume.
2. Com uma colher de pau misture delicadamente a farinha de trigo, que deve ser peneirada sobre as gemas.
3. Unte uma assadeira retangular com manteiga e farinha de trigo.

4. Despeje a massa na assadeira e leve ao forno médio por uns 20 minutos.
5. Enquanto o pão-de-ló assa, coloque numa panela o suco de laranja e o açúcar e leve ao fogo até se formar uma calda fina.

6. Desenforme o pão-de-ló sobre um pano de prato limpo e derrame sobre ele a calda, que será rapidamente absorvida.
7. Com o auxílio do pano enrole em forma de rocambole.

LIMA-DA-PÉRSIA

LIMA-DA-PEÇA

A fruta é citada no livro *Dona Flor e seus dois maridos*.

Utilize as receitas gerais para fazer: batida, caipirinha, caipirosca, licor, refresco, suco, vitamina, doce em calda, fruta cristalizada, geléia, sorvete, salada de fruta e salada salgada.
Fruto da limeira (*Citrus bergamita*), árvore da família das rutáceas.
100 g de lima-da-pérsia equivalem a 47 calorias.

Com hábitos muito constantes no comer, Zélia e Jorge Amado, quando estão em sua casa do Rio Vermelho, na Bahia, começam o dia tomando um suco de lima antes da refeição matinal. Esse costume vem desde a mudança para Salvador em 1963, e quem o trouxe foi Lalu, mãe do escritor, minha avó. Na sua linguagem era suco de lima-da-peça, sua fruta era baiana e não persa, e só louco discutia com ela.

Fruta cítrica, fresca e diurética, o suco de lima será mais gostoso se bebido em seguida a ser feito, pois se passar um pouco de tempo ele começa a amargar.

Dona Flor considerou a malta de crianças andrajosas. Muitas outras disseminavam-se pela praça de intensa vida popular, misturando-se aos fotógrafos de lambe-lambe, tentando roubar frutas nos cestos de laranjas, limas, tangerinas, umbus e sapotis.
(Dona Flor e seus dois maridos)

LIMÃO

MEU PÉ DE JACARANDÁ?!

A fruta e os derivados são citados nos livros: *Jubiabá; Mar morto; Capitães da areia; Gabriela, cravo e canela; O capitão de longo curso; Os pastores da noite; Dona Flor e seus dois maridos; Tenda dos milagres; Tereza Batista cansada de guerra; Tieta do Agreste; Tocaia Grande e O sumiço da santa.* Além da fruta ao natural e como tempero são citados: a batida, a cachaça com limão, a caipirinha, o doce em calda, o grogue, o licor, o ponche e o quentão.

Utilize as receitas gerais para fazer: batida, caipirinha, caipirosca, licor, refresco, suco, vitamina, doce em calda, fruta cristalizada, geléia,

Quando eu era menina, pensava que o limoeiro dava limão, para fazer limonada, e jacarandá, para fazer móvel. Isso por causa de uma música muito popular, que dizia: "Meu limão, meu limoeiro, meu pé de jacarandá...". Cresci e aprendi que o jacarandá (*Machaerium villosum*) nada tem a ver com o limoeiro (*Citrus limonum*), e que a música fala de duas árvores e de uma pessoa feliz que tem as duas. Para mim bastava ter o limoeiro, que mesmo sem dar jacarandá é uma árvore fabulosa. Aliás, gostaria de ter alguns limoeiros para ter variedade de limões: galego, haiti, amarelo, doce, cravo.

Tempero perfeito, não se pode pensar em culinária sem a sua presença. No preparo de peixes e de carnes de porco é imprescindível, e mais em molhos, doces, sorvetes, tortas, bolos, sucos — a limonada suíça, com o limão batido com a casca, será mesmo suíça? —, batidas, caipirinhas; papai sempre espreme um limão em sua sopa do jantar. Limão é bom mesmo puro: no carnaval não se deve sair sem seu limãozinho, todo sambista sabe que chupar limão clareia a voz; o suco puro de um ou mais limões bebido em jejum cura vários males, da obcsidade à gota, segundo os entendidos.

Lugar de destaque ganha o doce de limãozinho feito no Piauí. Para quem não conhece, devo dizer que tem um gosto absolutamente excepcional — de bom — e é lindíssimo. Penso que não custa dar a receita desse doce, já que teoricamente eu sei como se faz, mas devo ser honesta e dizer que não é nada fácil fazê-lo. Por isso dou um conselho: vá a Teresina, cidade de gente boa, cordial e agradável, e compre muitos vidros de doce de limãozinho, é mais garantido.

creme, musse, sorvete, salada de fruta e salada salgada. Fruto do limoeiro (designação de várias espécies de *Citrus*), árvore da família das rutáceas. 100 g de limão têm 30 calorias.

Voltaram a andar e Caetano Gunzá, patrão da barcaça Ventania, lhe contou quanto conseguira apurar. Januário comprara um peixe, azeite-de-dendê, limão, pimenta-malagueta e de cheiro, coentro, enfim os condimentos todos; cozinheiro de mão-cheia, naquele dia caprichou na moqueca —Caetano sabia por ter comido um pouco, quando, passadas as nove, viu que ela e o compadre não vinham e a fome apertou.

(Tereza Batista cansada de guerra)

Qual não foi, assim, a surpresa de dona Flor quando, logo após o jantar, o táxi de Cigano desembarcou Vadinho, Silvio e Mirandão na porta de casa, vinham buscá-la. "E a comadre?", perguntou ela a Mirandão. Fora antes com a criançada, já devia estar no largo. Enquanto dona Flor terminava de aprontar-se, eles providenciaram uma batida de limão.

(Dona Flor e seus dois maridos)

Sentaram-se apertados na cabeceira da mesa, pequena para o número de convivas. Os olhos de Manela pousaram-se nos de Miro buscando explicação para a impertinência. Mas o coisa-ruim, antes de decifrar a charada, encomendou as moquecas e as batidas — para ela moqueca de siri-mole e batida de maracujá, para ele moqueca de arraia e batida de limão.

(O sumiço da santa)

DOCE DE LIMÃOZINHO DO PIAUÍ

INGREDIENTES
3 dúzias de limão
1 kg de açúcar
1 xícara de sal grosso
cravo-da-índia a gosto

MODO DE FAZER
1. Escolha limões verdadeiros, bem verdes, pequenos e redondos.
2. Tire o talinho e coloque numa gamela os limões e o sal grosso.
3. Coloque um pires sobre os limões e pressionando-o levemente role os limões sobre o sal — eles rolarão uns sobre os outros — de maneira a sair todo o sumo da casca.
4. Terminada esta operação, lave bem os limões para tirar completamente o sal e o sumo de casca que saiu.
5. Corte uma tampinha junto ao talo e ponha os limões para ferver numa panela com bastante água.

6. Deixe ferver até os limões amolecerem.
7. Deixe esfriar dentro da panela (não devem tomar vento enquanto estão quentes, pois ficam duros).
8. Depois de frios, com o auxílio de uma colher de cafezinho, retire todos os bagos, com muito cuidado para não furar a casca (os bagos estarão sem gosto e não servirão para nada).

9. Faça uma calda rala com o açúcar e deixe esfriar.
10. Coloque as cascas de limão na calda fria e leve ao fogo com o cravo, deixando ferver até a calda engrossar um pouco.
11. Passe para uma compoteira.

MAMÃO

MIRABEAU E A FRUTA OCA

Mamão é fruta que está no Brasil há muito tempo, tendo sido notada a sua presença na Bahia no início do século XVII. Nutritivo e gostoso, o mamão é muito popular por ser grande auxiliar da digestão, devido a um fermento que possui, chamado papaína.

Se hoje em dia é muito consumido o mamão papaia — o nome é uma redundância —, como é chamado o mamão pequenino, o mamão Bahia, grande e doce, não perdeu seu lugar de rei. Foi um desses mamões grandes a figura central da história que se passou com Mirabeau Sampaio, amigo da vida inteira de papai.

A casa da rua Ary Barroso se enfeitava para caprichado rega-bofe oferecido por Norma e Mirabeau a seus amigos. Comida de primeira, nos trinques, Norma correndo de lá para cá deixando tudo um brinco. Mirabeau, do seu canto, só olhava e esperava impaciente a hora de comer. Esta impaciência o levou à geladeira para dar um espiadinha, quem sabe tinha algum petisco bom para beliscar? Foi aí que ele se deparou com o majestoso mamão Bahia, inteiro, descascadinho como se costumava servir em sua casa. Quando Norma chegou na cozinha era tarde, a fruta já tinha desaparecido. Estarrecida, ela perguntou ao marido: "Mas Mirabeau, você comeu o mamão todo?". A resposta foi curta: "Era oco!".

O mamão não é utilizado apenas em receitas doces, ou para ser comido ao natural — inteiro por ser oco! —, ele é utilizado verde em vários pratos, podendo substituir perfeitamente o chuchu em qualquer receita em que entre esse legume. Na Bahia se faz muita coisa com o mamão verde, no restaurante de Dadá você

A fruta e os derivados são citados nos livros: *Seara vermelha; Gabriela, cravo e canela; Tieta do Agreste; Tocaia Grande* e *O sumiço da santa*. Além da fruta ao natural é citado o doce de mamão verde.

Utilize as receitas gerais para fazer: batida, refresco, suco, vitamina, doce em calda, fruta cristalizada, geléia, creme, musse, sorvete, salada de fruta e salada salgada.
Fruto do mamoeiro (*Carica papaya*), árvore da família das caricáceas.
100 g de mamão equivalem a 68 calorias.

pode comer uma moqueca de bacalhau com mamão verde que é uma coisa de doido. Em casa experimentei fazer uma frigideira de mamão verde, camarão seco e castanha de caju, deu certo, ficou uma delícia.

Andava em chinela, vestida de pobre, um laço de fita. Gostava de tudo: do quintal de goiaba, mamão e pitanga. De sol esquentar com seu gato matreiro...
(Gabriela, cravo e canela)

Faminto: não tocara em alimento desde o almoço frugal ao meio-dia — um copo de leite, pequena omelete de queijo, uma talhada de mamão. Extenuado da trabalheira do dia e da amargura da noite. Atormentado, dom Maximiliano von Gruden enfrentou a escada íngreme que conduzia ao sótão onde ficavam os depósitos do Museu e os recém-construídos aposentos do Diretor...
(O sumiço da santa)

Nadou, divertiu-se espandanando a água, como o fazia na meninice, ao banhar-se no ribeirão, na aldeia natal. Saciou a fome, mamões perfumados e doces, maná do paraíso, dádiva de Deus, do Deus dos maronitas.
(Tocaia Grande)

FRIGIDEIRA DE MAMÃO VERDE

INGREDIENTES
1 mamão bem verde, médio
200 g de camarão seco
100 g de castanha de caju
½ xícara de leite de coco
½ maço de coentro
½ maço de cebolinha verde
½ maço de hortelã
1 pimentão vermelho
1 tomate sem pele e sem semente
1 cebola
1 dente de alho
azeite de oliva
6 ovos
sal a gosto
pimenta de cheiro, se gostar

MODO DE FAZER
1. Corte a ponta do mamão e deixe escorrer o leite por algumas horas.
2. Descasque o mamão, corte em quatro (pelo comprimento e pela circunferência) e retire as sementes.
3. Corte os quartos de mamão em cubinhos.
4. Pique muito bem todos os temperos — com a faca, não passe no liquidificador.
5. Numa panela, coloque o azeite de oliva, a cebola e o alho e leve ao fogo para dourar.
6. Junte o mamão verde e os temperos bem picados, e refogue.
7. Tampe a panela e deixe cozinhar por uns 5 minutos.
8. Enquanto isso, bata no liquidificador

o camarão seco com a castanha e um pouco de água.

9. Junte o camarão com castanha ao refogado de mamão e deixe cozinhar até o mamão ficar macio.

10. Acrescente o leite de coco, mexa bem, e deixe secar um pouco o caldo.

11. Bata as claras em neve bem firmes com uma pitada de sal.

12. Junte as gemas uma a uma, batendo sempre.

13. Misture um pouco dos ovos batidos ao refogado de mamão e coloque num prato refratário.

14. Cubra com os ovos batidos.

15. Leve ao forno preaquecido até dourar os ovos.

MANGA

VOVÓ ANGELINA E VOVÓ EULÁLIA CHUPAM MANGA À MEIA-NOITE

A fruta e os derivados são citados nos livros: *Cacau; Gabriela, cravo e canela; O capitão de longo curso; Dona Flor e seus dois maridos; Tereza Batista cansada de guerra; Tieta do Agreste; Tocaia Grande* e *O sumiço da santa*. Além da fruta ao natural são citados: o doce em calda, o refresco e o suco.

Utilize as receitas gerais para fazer: batida, caipirinha, caipirosca, licor, refresco, suco, vitamina, doce em calda, fruta cristalizada, doce em pasta, doce de cortar, geléia, creme, musse, sorvete, salada de fruta e salada salgada.

Gosto dos portugueses e penso que fizeram muito pelo Brasil. Foram eles que trouxeram da Índia as sementes de manga, que aqui se reproduziram em tantas variedades, cada uma melhor que a outra: manga-rosa, manga-espada, coração-magoado, coração-de-boi, itiúba, carlota, carlotinha... É a carlotinha a protagonista da história que se passou há uns bons trinta anos, aqui na Bahia.

Vovó Angelina Gattai veio para Salvador passar as férias conosco na casa do Rio Vermelho. Boa anfitriã de sua amiga e concorrente, vovó Eulália Amado, a Lalu, vigiava o apetite da *nonna* e fazia comentários: "Zélia, minha filha, tua mãe come! Tome conta da velha", dizia velha, apesar de ter dez anos mais que ela, "senão ela tem um troço". Por seu lado, a *nonna* Angelina também fazia atenção no comer da outra — que gostava de dizer que nada comia, "só um jabazinho com farinha..." — e comentava: "Zélia, atenção com sua sogra, do jeito que vai ela tem uma indigestão!".

Nessa animação iam se passando as férias. Dias lindos, as mangueiras do jardim abarrotadas de manguitas maduras, doces e perfumadas. As duas "jardineiras profissionais" trocando conhecimentos.

Uma noite, ao voltar de um jantar, o casal Amado se assustou. Já passava da meia-noite e a luz da cozinha estava acesa. Não era habitual. A cena encontrada foi mais surpreendente do que se fosse um ladrão: Lalu e Angelina, de camisola, o rosto amarelo, lambuzadas até a alma, chupavam mangas. As explicações foram lindas: "Sabe, minha filha, eu não sabia que manga se chupa, eu só comia manga",

Fruto da mangueira (Mangifera indica), árvore da família das anacardiáceas.
100 g de manga equivalem a 67 calorias.

justificava-se a *nonna* Angelina. "Pois é, Zélia, tua mãe não sabia chupar manga, imagine! Vim ensinar para ela."

A cumplicidade da gula uniu as duas ainda mais; e as manguitas do jardim ainda hoje são gostosas e trazem lembranças queridas.

O chutney de manga tem receita de muitos ingredientes, trabalhosa, mas de excelente resultado. Eu a tenho em meu caderno há muitos anos e quem me deu foi Joraci Salles, querida amiga, mulher do romancista Herberto Salles.

No fogo a lata com o café recém-coado. O de-comer sobre a mesa improvisada num caixão de querosene: fruta-pão cozida, carne-seca chamuscada, farinha, inhame, jaca mole e mangas coração-de-boi, verdes de cor, maduras de gosto, grandonas e incomparáveis.

(Tocaia Grande)

Adriana oferece-lhe mangas ou mungunzá, à escolha; ou os dois se assim preferir. Primeiro as mangas, sua fruta predileta, ficando o chá-de-burro para a volta do cinema. Radiante, orgulhosa do quintal atrás da casa, quase um pequeno pomar, Adriana exibe as mangas mais olorosas e belas — espadas, rosas, carlotas, corações-de-boi, corações-magoados.
[...]

— Você não sabe? Um dia lhe conto, é preciso tempo e está na hora do cinema, temos que sair em seguida. Amanhã ou depois eu lhe conto quem é Libório das Neves, o gatuno número um de Aracaju, explorador da pobreza.
Tomava das muletas para levantar-se:
— Adriana, minha bela, obrigado pelas mangas, são as melhores de todo Sergipe.

(Tereza Batista cansada de guerra)

Tão bom ir ao bar, passar entre os homens. A vida era boa, bastava viver. Quentar-se ao sol, tomar banho frio. Mastigar as goiabas, comer manga-espada, pimenta morder. Nas ruas andar, cantigas cantar, com um moço dormir. Com outro moço sonhar.

(Gabriela, cravo e canela)

CHUTNEY DE MANGA DA JORACI

INGREDIENTES
4 mangas inchadas descascadas e cortadas em pedacinhos
250 g de tâmaras sem caroço
1 cebola grande picadinha
1 xícara de abacaxi em conserva, sem o caldo, picadinho
1 xícara de passas sem sementes
50 g de gengibre ralado
1 xícara de açúcar mascavo
¼ de xícara de caldo de limão
¾ de xícara de vinagre branco
½ xícara de caldo de abacaxi
1 colher de sal
1 colher (café) de pimenta-malagueta em pó
½ colher (chá) de noz-moscada ralada

½ colher (chá) de mostarda em pó
½ colher (chá) de pimenta-do-reino

MODO DE FAZER
1. Passe as passas na máquina de moer carne, no ferro fino.
2. Em seguida coloque todos os ingredientes numa panela e leve ao fogo branco por 45 minutos, mexendo de vez em quando.
3. Retire do fogo e deixe esfriar.
4. Depois de frio guarde em recipientes de vidro bem vedados.

MANGABA

CHICO ANDRADE ACOMPANHAVA A COMIDA COM MANGABA FRESCA

A mangaba é uma fruta muito particular por seu sabor forte, agreste e sua viscosidade, o que faz com que seja consumida de preferência em forma de sorvete e de refresco, ambos gostosíssimos e refrescantes. Mas muita gente gosta da mangaba crua, inclusive acompanhando a comida salgada, assim como se faz com a banana e a laranja.

Papai me conta de Chico Andrade, senhor que vivia com sua tia Mariana — que na realidade não era sua tia, mas papai a chamava de tia — em Sergipe. Um dia a tia Mariana mudou de amor, mas como era generosa deu a Chico Andrade uma casa no centro de Aracaju, onde funcionava famoso castelo de mulheres-damas chamado Vaticano. Ali Chico Andrade vivia num quartinho, gerenciava os negócios, e comia grandes pratos da boa comida sergipana, sempre acompanhado de mangabas frescas e suculentas. Esta é a lembrança de papai, que gosta de misturar fruta na comida, mas prefere a mangaba em sorvete e em doce.

A fruta e os derivados são citados nos livros: *O capitão de longo curso; Tereza Batista cansada de guerra; Tieta do Agreste; Tocaia Grande* e *O sumiço da santa*. Além da fruta ao natural são citados: o doce, o refresco, o sorvete e o suco.

Utilize as receitas gerais para fazer: batida, caipirinha, caipirosca, licor, refresco, suco, vitamina, doce em calda, fruta cristalizada, doce em pasta, doce de cortar, geléia, musse, sorvete e salada de fruta. Fruto da mangabeira (*Hancornia pubescens*), árvore da família das apocináceas. 100 g de mangaba equivalem a 43 calorias.

Beberam refresco de mangaba e o doutor repetiu o cerimonial, passando-lhe o primeiro copo. Encabulada, Tereza apenas beliscava a comida enquanto o ouvia falar de estranhos costumes culinários, cada qual mais cabuloso, mãe de Deus!

(Tereza Batista cansada de guerra)

A gordura da carne-seca pingava sobre a farinha de mandioca, não podia haver nada de melhor sabor, guloseima mais grata ao fino paladar de um grapiúna. Um naco de charque, um punhado de farinha e, para cortar o sal, bananas-prata bem maduras. Misturavam-se os sabores e os perfumes da jaca e do jabá, das bananas e da rapadura, dos cajás, das mangabas, dos umbus.

(Tocaia Grande)

Breve parada na porta do cinema para dizer boa tarde ao árabe Chalita — ainda se lembra de mim? Quem pode te esquecer, Tieta? Sorvete de mangaba, Leonora não conhece, vai ver o que é bom.

(Tieta do Agreste)

DOCE DE MANGABA

INGREDIENTES
1 kg de mangabas de vez
açúcar

MODO DE FAZER
1. Fure as mangabas com um palito ou com um espinho de laranjeira até o centro para que saia todo o leite.
2. Deixe-as de molho por 24 horas.
3. Escorra e descasque-as.
4. Leve as mangabas ao fogo em água fria, deixando ferver por uns 15 minutos.
5. Retire do fogo e escorra-as numa peneira de palha.
6. Faça uma calda rala, junte as mangabas escorridas e deixe ferver em fogo brando.
7. Quando a calda estiver no ponto de fio brando, retire do fogo.

MARACUJÁ

A FRUTA DA PAIXÃO NAS ANTILHAS

A fruta e os derivados são citados nos livros: *Gabriela, cravo e canela; Tereza Batista cansada de guerra; Tocaia Grande* e *O sumiço da santa*. Além da fruta ao natural são citados: a batida, o licor, o refresco e o suco.

Utilize as receitas gerais para fazer: batida, caipirinha, caipirosca, licor, refresco, suco, vitamina, doce em calda, fruta cristalizada, geléia, creme, musse, sorvete, salada de fruta e salada salgada.

O nome indica várias espécies do gênero *Passiflora*, plantas da família das passifloráceas. 100 g de maracujá equivalem a 55 calorias.

    A família do maracujá é a das passifloráceas, daí seu nome francês: *fruit de la passion,* a fruta da paixão. O nome não perde seu encanto ao sabermos que a paixão que deu nome à fruta foi a paixão de Cristo, e não aquele amor roxo, que dá arrepio na espinha. Na verdade a beleza, o sabor e o perfume do maracujá despertam e alimentam paixões variadas, apesar da fruta ter um poder calmante comprovado. A paixão dá sensação de aperto no estômago e o maracujá também, mas por motivos diferentes: a paixão por razões que a própria razão desconhece; a fruta porque é muito ácida e se a pessoa se deixar levar por sua gostosura, exagerar, sofrerá conseqüências desagradáveis. Deixemos os exageros para a paixão!

    Uma vez acompanhei meus pais a Nova York para um congresso do Pen Club. Ao pisar fora do aeroporto, a neve ainda enchendo as ruas, papai já começou a sentir-se mal; mamãe só notou que ela também estava com febre ao chegar no hotel. Foram dez dias de cama, ambos com pneumonia, lutando com o médico do hotel que queria levá-los para um hospital. Adeus congresso do Pen Club, adeus passeios por Manhattan. Quando tiveram alta resolvemos correr do frio e ir fazer um cruzeiro pelas Antilhas, para consolidar a cura com a ajuda do sol.

    Foi quando passamos por Guadelupe que aconteceu o caso do maracujá. Visitávamos o mercado — um de nossos principais prazeres em qualquer cidade que estejamos — quando vimos uma montanha de maracujás e uma vendedora supersimpática, que parecia uma baiana falando um francês atravessado. Fomos para ela encantados, pois ver frutas íntimas da gente em país estrangeiro é sempre uma alegria. Perguntamos: "C'est du fruit de la passion?". E aí veio a surpresa, na resposta da moça, dizendo o nome da fruta em crioulo: "Non, c'est du maracudja" (dito assim, sem acento no *a*). Vivendo e aprendendo, não é?

Aprendi a fazer pudim de maracujá quando morava no Maranhão, a professora foi dona Tereza Murad.

Zilda servia às visitas licor de jenipapo, de pitanga, de maracujá, todos de fabricação caseira: como conseguia tempo para tanta coisa? Para os afazeres domésticos, a cozinha, os licores, o doce de banana, a passa de caju, para a costura e o ponto de cruz?
(Tocaia Grande)

— Entre para a sala do presépio — convidou Quinquina.
— Anastácia, sirva um licor a seu Nacib! — ordenou Florzinha. — De que prefere? De jenipapo ou de abacaxi? Temos também de laranja e de maracujá...
(Gabriela, cravo e canela)

PUDIM DE MARACUJÁ DE DONA TERESA

INGREDIENTES
8 ovos
750 g de açúcar em calda
250 g de manteiga
1 ½ xícara de caldo de maracujá
3 colheres de farinha de trigo

MODO DE FAZER
1. Bata os ovos ligeiramente.
2. Junte a calda de açúcar e misture bem.
3. Junte a manteiga, a farinha de trigo e o caldo de maracujá e incorpore bem todos os ingredientes.
4. Asse em banho-maria, em fôrma caramelada.

MELANCIA

CARLA PASSOU POR AQUI!

A fruta e os derivados são citados nos livros: *Cacau; Jubiabá; São Jorge dos Ilhéus; Seara vermelha; Tieta do Agreste* e *O sumiço da santa.*

Utilize as receitas gerais para fazer: batida, licor, refresco, suco, vitamina, doce em calda, fruta cristalizada, geléia, sorvete, salada de fruta e salada salgada.
Fruto da *Curcubita citrullus*, planta da família das curcubitáceas.
100 g de melancia equivalem a 24 calorias.

A melancia é a fruta preferida de minha filha Cecília, e também de muita gente que mora em lugar quente, e que gosta de se refrescar com uma boa talhada de melancia geladinha. Ela é excelente para regimes de emagrecer, pois tem poucas calorias e, sendo de digestão lenta, dá sensação de plenitude por bastante tempo.

Esta curcubitácea veio da Ásia e lá ainda é muito consumida. Na China, há uns anos, ela fez parte de um programa alimentar onde era a principal fruta, aquela a que a população tinha acesso sem restrições. Isto teve uma conseqüência curiosa: por ser fruto grande e com parte não comestível volumosa — a casca —, o aumento de lixo foi enorme, transformando-se num problema complicado. Na verdade pode-se aproveitar toda a parte branca da casca para fazer um doce gostoso, mas não sei se este doce é conhecido dos chineses, e acho que o fato de se ter que usar o mesmo peso de melancia em açúcar desequilibraria a economia do programa.

No início dos anos 60, quando ainda morávamos no Rio, papai tinha uma secretária chamada Carla. Ela era bem gordinha e gulosa, e não tinha medida para o que comia. Como almoçava lá em casa, João Jorge e eu ficávamos sempre de olho bem aberto, temendo não sobrar suficiente comida para a nossa fome. Parece que estou exagerando, mas não estou. Para se ter uma idéia: um rosbife foi para a mesa dividido em dois, pois assim tinha sido feito; ela logo pegou uma metade e a outra, do mesmo tamanho, foi dividida entre mamãe, papai, vovô João, vovó Eulália, João Jorge e eu. Um dia veio para a sobremesa um quarto de uma melancia grande, e antes que mamãe pudesse pegar a faca para cortar as talhadas, a Carla puxou o prato para ela e cortou todo o miolo da melancia e o colocou no seu prato. Quando viu a cara de espanto de todos na mesa, declarou: "É a parte que eu mais gosto!".

Na casa do Rio Vermelho a primeira coisa que vai para a mesa na hora do almoço é um prato de talhadas de melancia. Às vezes — muitas vezes — falta o miolo de uma ou duas talhadas, e o comentário, mesmo daqueles que não viveram essa história, mas já ouviram contar, é: "Carla passou por aqui!".

Uma vez, porém, João Amaro, após o trabalho na estufa, chupou uma melancia. Nós fizemos sentinela ao cadáver toda a noite. E começamos a temer a estufa como um inimigo perigoso.

(Cacau)

Porém a maior parte das coisas não está nas barracas. Está em grandes cestos, em caçuás, em caixões. Camponeses de chapéu largo de palha, sentados ao lado, conversam animadamente com os fregueses. Raízes de macaxeira e de inhame, montes de abacaxis, laranjas e melancias. Tem todas as espécies de banana na Feira de Água de Meninos.

(Jubiabá)

PINHA E CONDESSA

A PINHA SEM CAROÇO

As frutas e os derivados são citados nos livros: *Tieta do Agreste* e *Tocaia Grande*.

Utilize as receitas gerais para fazer com a pinha e com a condessa: batida, refresco, suco, vitamina, creme, musse, sorvete e salada de fruta.
A pinha é fruto da pinheira (*Anona squamosa*), árvore da família das anonáceas.
A condessa é fruto da *Rolinia deliciosa*, também da família das anonáceas.
100 g de pinha equivalem a 69 calorias.

Fruta-do-conde, no Sul, e ata, no Norte, são nomes da mesma pinha, fruta deliciosa, doce e cheia de personalidade. Com pequenos bagos brancos envolvendo caroços pretos, comem-se com colher vários bagos de uma vez, separando dentro da boca polpa e caroços.

Quando moramos em São Luís pudemos comer iguaria requintada que era feita no Palácio dos Leões — sede do governo do Estado —, tratava-se de um creme de pinha, receita de Iedo Saldanha, na época chefe do cerimonial do Palácio. De visita ao Maranhão, Zélia e Jorge Amado, convidados a comer com o governador, puderam provar a especialidade. Muito conjecturou-se sobre a forma de fazer o doce, visto a dificuldade de separar a pinha do caroço, os bagos tão pequeninos e escorregadios, resultando em tão pouca polpa. O método certamente não era o de tirar com a boca, como pretendiam alguns. Eu experimentei fazer cortando com tesourinha, mas precisei de muita ajuda, de muita pinha e de muita paciência para conseguir uma tigelinha do creme. Agora aprendi com o pessoal de Ilhéus que existe uma peça que se põe no liquidificador — o despolpador —, que resolve o problema em questão de minutos. Funciona que é uma beleza com o cacau, a pitanga, a cajá, a jabuticaba e mais tantas outras frutas; está solucionado o problema da pinha!

Vejo na rótula que liga a avenida Paralela à Pedra do Sal, onde moro, um caminhão que vende plantas e que anuncia: MUDAS DE PINHA SEM CAROÇO! Pedro e eu fomos atacados de um entusiasmo instantâneo, mas confesso que logo depois caí na realidade, fiquei cética e ainda não me decidi a investir nesta plantação. Se for

verdade o que apregoa a faixa do caminhão, aí está uma solução ainda melhor que o descaroçador.

A condessa é uma anona, que muitos pensam ser a mesma pinha — *Anona squamosa* —, outros dizem ser a graviola — *Anona muricata*. A condessa aqui citada, que Leonora pergunta a Tieta se é pinha, é a *Rolinia deliciosa*. Leonora tem razão, pois é muito mais parecida com a pinha do que com a graviola. Na realidade é como uma pinha com a casca levemente rosada. Hoje em dia ela anda rara, difícil de ser encontrada nos nossos mercados e feiras.

O povo só não morria de fome porque o rio e o mangue forneciam com fartura peixes, guaiamus, caranguejos, pitus incomparáveis, e sobravam frutas o ano inteiro: bananas, mangas, jacas, mangabas, pinhas, abacaxis, goiabas e araçás, sapotis e melancias e o coqueiral sem fim e sem dono.
(Tieta do Agreste)

Numa pequena chácara de mangueiras, cajueiros, jaqueiras, cajazeiras, pés de pinha, de graviola, de ata e condessa, vive e trabalha Joana das Folhas ou Joana França, negra idosa, viúva de um português.
(Tereza Batista cansada de guerra)

As jacas, duras e moles, descomunais, das talhadas expostas sobe um odor de mel. Que fruta é essa que parece pinha? Condessa.
(Tieta do Agreste)

PINHA AO RUM

INGREDIENTES
½ xícara de polpa de pinha (sem caroço!)
1 dose de rum
1 colher de sumo de limão
2 colheres de açúcar
gelo moído
rodelas de limão

MODO DE FAZER
1. Bata a polpa de pinha com o rum, o limão e o açúcar até a mistura ficar homogênea.
2. Despeje em copo alto cheio de gelo moído e enfeite com rodelas de limão.

PITANGA

A FRUTA MÁGICA

Eu considero a pitanga uma fruta mágica, pela perfeição da forma e da cor, do sabor e do perfume, e também pelas sensações de prazer e de mistério que consegue provocar. Tomar um sorvete de pitanga na Sorveteria da Ribeira, olhando o sol se pôr para os lados de Itaparica, vendo Paripe, de repente o trenzinho passa rumo a Periperi, isto é puro fascínio, dá vontade de rir, dá vontade de chorar, tanta é a emoção.

A magia da pitanga vai além da fruta. Suas folhas formam um tapete de encanto quando cobrem o chão dos terreiros, nas festas de candomblé. As filhas-de-santo dançam arrastando os pés sobre elas e um odor inebriante enche a sala e a alma.

É minha fruta preferida, e estou bem acompanhada por Gabriela e Tereza Batista. Mamãe é minha pitanguinha, consegue reunir beleza, aroma, doçura, num todo único, cheio de personalidade. Quando ela arruma a fruteira para o centro da mesa, deita as frutas sobre folhas de pitanga, a sala do Rio Vermelho ganha este perfume de bondade.

A fruta e os derivados são citados nos livros: *Gabriela, cravo e canela; O capitão de longo curso; Os pastores da noite; Tereza Batista cansada de guerra; Tieta do Agreste; Tocaia Grande* e *O sumiço da santa*. Além da fruta ao natural são citados: a batida, a cachaça de pitanga, o licor, o refresco e o sorvete.

Utilize as receitas gerais para fazer: batida, caipirinha, caipirosca, licor, refresco, suco, vitamina, doce em calda, fruta cristalizada, geléia, creme, musse, sorvete, salada de fruta e salada salgada.
Fruto da pitangueira (*Eugenia pitanga*), árvore da família das mirtáceas.
100 g de pitanga equivalem a 46 calorias.

De algumas coisas ela gostava, gostava demais: do sol da manhã antes de muito esquentar. Da água fria, da praia branca, da areia e do mar. De circo, de parque de diversões. De cinema também. De goiaba e pitanga. Das flores, dos bichos, de cozinhar, de comer, de andar pela rua, de rir e conversar.
(Gabriela, cravo e canela)

Ali, no jardim de pitangueiras, a lua desmedida de Estância escorrendo ouro sobre mangas, abacates e cajus, o aroma do jasmim-do-cabo evolando-se na brisa do rio Piauitinga, após ter-lhe dito, com amargor, ira e paixão o que jamais pensara confiar a parente, sócio ou amigo, o que jamais Tereza imaginara ouvir (se bem muita coisa houvesse adivinhado pouco a pouco no correr do tempo), o doutor a envolveu nos braços e beijando-lhe os lábios, concluiu, a voz comovida e embargada, Tereza, minha vida, meu amor, só tenho a ti no mundo...
(Tereza Batista cansada de guerra)

Na Toca da Sogra, onde Dona Laura recebe os visitantes com água-de-coco e pequenos peixes fritos no azeite-de-dendê — tem batida de pitanga e de maracujá para quem quiser —, o Comandante desdobrou sobre a mesa uma planta rudimentar dos terrenos de propriedade de Modesto Pires, traçada por ele próprio:
— Tudo aqui é belo. Nunca vi nada igual — diz Leonora de retorno à Toca da Sogra, Dona Laura exigindo que ela prove a batida de pitanga.
(Tieta do Agreste)

CHARLOTE DE PITANGA

INGREDIENTES
½ l de suco de pitanga
½ l de creme de leite
4 colheres de açúcar
1 pacotinho de gelatina sem sabor branca
1 caixa de biscoito champanhe
vinho branco
2 colheres de água

MODO DE FAZER
1. Bata no liquidificador, rapidamente, o creme de leite com o açúcar para que fique consistente.
2. Dissolva a gelatina na água.
3. Junte o suco de pitanga e a gelatina e bata mais um pouco.
4. Molhe os biscoitos no vinho, sem encharcar, e com eles forre uma fôrma redonda (fundo e parede lateral).
5. Coloque o creme de pitanga sobre os biscoitos e leve ao congelador por algumas horas.

SAPOTI E SAPOTA

NO JARDIM DA CASA DO RIO VERMELHO

As frutas são citadas nos livros: *Jubiabá; Mar morto; O capitão de longo curso; Dona Flor e seus dois maridos; Tieta do Agreste* e *O sumiço da santa.*

Utilize as receitas gerais para fazer: batida, suco, vitamina, doce em calda, fruta cristalizada, creme, musse, sorvete e salada de fruta.
O sapoti é fruto do sapotizeiro (*Achras sapota*), árvore da família das sapotáceas.
A sapota é fruto da *Lucuma mammosa*, também da família das sapotáceas.
100 g de sapoti equivalem a 54 calorias.

    Dizem que o sapoti é nativo da Guatemala e do México. Ele é considerado uma das frutas mais doces dos trópicos. Essa doçura tropical nasce também no jardim da casa do Rio Vermelho, desde que os Amado para ela se mudaram no ano de 1963.

    Teve tempo que os sapotizeiros davam tanto que se enchia várias caixas e se deixava na varanda para amadurecer. O amadurecimento se dava pelo calor da mão, isto é, a vontade de comer sapoti era tanta que toda hora alguém passava e apalpava para ver se já estava maduro. Na quarta apalpadela o sapoti já estava mole e era comido.

    Quem também gosta de sapoti é morcego, por isso em casa com sapotizeiro são comuns os vôos rasantes desses bichos. O incômodo que eles causam não é tão grande quanto se poderia pensar, mas a disputa pela fruta quase madura, ainda na árvore, essa sim, faz o amante do sapoti perder a cabeça.

    O sapoti e a sapota são ambos da família das sapotáceas, a diferença entre eles está no tamanho — a sapota é bem maior — e na durabilidade — o sapoti tem vida mais longa. Além disso o sapoti é muito mais comum e encontrável mais facilmente. Para fazer o pudim da receita a seguir, tanto faz usar a sapota ou o sapoti.

    Uma boa pedida é um sorvete de sapoti na sorveteria Cinelândia, em Aracaju, é uma especialidade! De quebra se faz mais um passeiozinho em Sergipe.

Para a guerreira que não teme a morte nem os eguns, para Yansã, não ofereçam abóbora, não lhe dêem alface ou sapoti, ela come acarajé.
(Dona Flor e seus dois maridos)

Os cestos de frutas, suntuosos: manga-espada, carlota, coração-de-boi e itiúba, manga-rosa, sapotas, sapotis [...]
(O sumiço da santa)

Mestre Manuel está mudo. Será que ele pensa na carga de sapotis que seu saveiro vai pela madrugada receber em Itaparica?
(Jubiabá)

Quem apareceu antes do almoço e ficou para almoçar foi Mirandão, visita rara. Viera com a esposa e com os filhos, um dos quais o afilhado de dona Flor, lhe ofertava sapotis e cajás, além de uma gola de crochê, trabalho fino da comadre.
(Dona Flor e seus dois maridos)

PUDIM DE SAPOTI

INGREDIENTES
1 ½ xícara de polpa de sapoti (ou sapota)
1 ½ xícara de leite
3 colheres de açúcar
1 pitada de sal
3 ovos batidos
manteiga para untar a fôrma

MODO DE FAZER
1. Ferva o leite.
2. Bata o leite fervido com os demais ingredientes.
3. Unte uma fôrma com manteiga e nela coloque a mistura de ovos, sapoti, leite e açúcar.
4. Asse em banho-maria, em forno quente, por 25 minutos.
5. Sirva quente.

TAMARINDO

NO BAR DO DEOLINO

Não são citados em nenhum livro nem a fruta nem seus derivados, mas o próprio Jorge Amado não entende por quê, pois é fruta de destaque na paisagem baiana.

Utilize as receitas gerais para fazer: batida, caipirinha, caipirosca, licor, refresco, suco, vitamina, doce em calda, fruta cristalizada, geléia, musse, sorvete, salada de fruta e salada salgada.
Fruto do tamarindeiro (*Tamarindus indica*), árvore da família das leguminosas.
100 g de polpa de tamarindo equivalem a 232 calorias.

O tamarindo nasce de árvore frondosa, o tamarindeiro. É uma fava com caroços envolvidos de fina polpa, que se chupa como se fosse bala. Mas a semelhança com a bala só está na forma de comer e na gostosura, pois ele é azedíssimo.

Comer tamarindo puro é coisa de menino — me lembro da gente catando os tamarindos no chão, na hora do recreio, sob o tamarindeiro do pátio de entrada do Colégio de Aplicação, na Bahia, que delícia! Melhor ele fica se misturado com açúcar em suas múltiplas apresentações: sorvete, geléia — quem sofre de prisão de ventre precisa conhecer os poderes mágicos de uma geléia de tamarindo —, refresco, bala e batida.

Por falar em batida, teve um caso divertido, certa vez que Teresa — então minha cunhada — e Márcio Amaral — meu irmão de coração — vieram passar férias conosco em Salvador. Havia inaugurado no largo da Mariquita, no Rio Vermelho, um novo bar de batidas, o do Deolino, e para lá nós fomos, prontos a experimentar todas as alquimias do mago da cachaça — uma das quais fazia intercalar as batidas com caldinho de sururu, para reduzir os efeitos etílicos, já que ninguém é de ferro. Assim, depois de bebermos as tradicionais: pitanga, limão, tangerina, caju, cajá, maracujá e coco, passamos para as especiais da casa. O garçom ia explicando as de nome esquisito, chegou a fazer uma demonstração pirotécnica para provar o poder da Fogo do Cão: derramou um pouco da batida no chão e sobre ela jogou um fósforo aceso, foi aquele fogaréu, alguns mais entusiasmados aplaudiram. Aí Márcio perguntou pela Tamarindo Super, o garçom nem pestanejou, respondeu: "Ah, essa é de foder!". Pedimos uma para experimentar, cada um deu uma bicadinha, queimando os lábios. Sobrou para Márcio mais de meio copo, que ele emborcou de uma só vez, dando em seguida um salto espetacular. Dessa vez os aplausos foram delirantes. Que rapaz sincero e honesto o garçom do bar do Deolino!

TANGERINA

A RECEITA DE NONNO EUGÊNIO

A fruta e os derivados são citados nos livros: *Jubiabá; Os subterrâneos da liberdade; Dona Flor e seus dois maridos; Tereza Batista cansada de guerra; Tocaia Grande* e *O sumiço da santa*. Além da fruta ao natural é citada a batida.

Utilize as receitas gerais para fazer: batida, caipirinha, caipirosca, licor, refresco, suco, vitamina, doce em calda, fruta cristalizada, geléia, musse, sorvete, salada de fruta e salada salgada.
Fruto da tangerineira (*Citrus nobilis*), árvore da família das rutáceas.
100 g de tangerina equivalem a 50 calorias.

Tangerina, mexerica, bergamota, mandarina, laranja-cravo, são muitos os nomes deste cítrico perfumado e saboroso. O aroma da tangerina é muito forte e ativo, ficando difícil comê-la anonimamente, daí um dos seus nomes ser mexerica.

Como os demais cítricos, a tangerina é ótima em sucos, sorvetes, geléias, batidas e doces. Entre os doces feitos com tangerina tenho um preferido, que são as pequenas mandarinas curtidas em conhaque, feitas na Itália. Há mais de dez anos que não as encontro à venda no Brasil — essas leis de importação mudam tanto! —, mas não se deve tirá-las da memória, e comprá-las na primeira oportunidade.

Quando mamãe era menina, o seu avô Eugênio gostava de ensinar novidades às netas mocinhas e de se divertir com isso. Um dia ele ensinou para tia Wanda, tia Vera e mamãe que a melhor coisa para deixar os olhos bonitos era espremer casca de tangerina na frente deles — sem encostar, é claro. Ele inventou o colírio de casca de tangerina, jurando que o branco do olho ficaria mais branco e os olhos, como um todo, brilhantes e irresistíveis. O ataque às tangerinas foi imediato. Os olhos vermelhos e injetados, lacrimejando de maneira incontrolável, contrastavam com as risadas do avô, que se divertia com a vaidade das netas. O argumento de que *per bela parire è bisogno soffrire* era forte e elas sofriam de livre e espontânea vontade para ficarem belas. Se o cosmético não deu resultado, também não causou danos nos lindos olhos das irmãs Gattai: cor de mel, os de Zélia e de Vera, verdes os de Wanda.

João largava os talheres, tomava de umas tangerinas trazidas pelo arquiteto:
—Seria bom se você a visse, Marcos. Ela lhe estima muito e conversar com você lhe daria prazer.
(Os subterrâneos da liberdade)

Sábado à noite ferve a animação na Praça da Matriz, quermesse organizada pelas senhoras gradas em benefício do Asilo dos Velhos e da Santa Casa da Misericórdia, as barracas atendidas por moças e rapazes da sociedade, dois improvisados bares com refrigerantes, refrescos e cerveja, sanduíche, cachorro-quente, batida de limão, amendoim, maracujá e tangerina, doces inúmeros, e parque de diversão... O doutor parece um rapazola, compra um balão azul para Tereza, ganha prêmios no tiro ao alvo, uma carta de alfinetes, um dedal, toma refresco de mangaba, aposta e perde na roleta...
(Tereza Batista cansada de guerra)

GOMOS DE TANGERINAS ESPELHADOS

INGREDIENTES
6 tangerinas bem maduras
açúcar

MODO DE FAZER
1. Descasque as tangerinas, separe os gomos e tire todos os fiapos brancos e caroços, tomando cuidado para deixar o gomo inteiro.
2. Coloque os gomos de tangerina sobre uma peneira de palha e deixe ao ar livre.
3. Faça uma calda em ponto de quebrar e ponha-a em banho-maria.
4. Com o auxílio de palitos, pegue cada gomo de tangerina e mergulhe-os na calda.
5. Deixe escorrer um pouco e coloque sobre um mármore untado de manteiga.
6. Quando secarem, retire-os com cuidado para não quebrarem.

UMBU

A ÁRVORE QUE DÁ DE BEBER

"Olha o zimbu!" É como gritam os meninos que vêm com os balaios na cabeça, cheio de umbus verdinhos, ácidos e deliciosos. É uma fruta para se comer assim à toa, passeando, conversando, indo de um lugar para outro, na beira do mar num domingo de praia, num passeio de barco, até parece que o sol pede sua frescura para suavizar o calor.

Dito assim pode parecer até que o umbu — ou imbu, seu outro nome — é uma fruta tola e sem grande valor, mas não é, não. O umbuzeiro é planta da maior importância no sertão nordestino, pois é a única árvore a resistir à seca da caatinga. Ele não só resiste como conserva muita água em sua raiz, permitindo amenizar a sede dos sertanejos. *Imbu*, em língua tupi significa "árvore que dá de beber", e dar de beber é tarefa abençoada, que dá vida ao homem.

Se você quiser saber mais das qualidades desta árvore, sugiro que converse com o escritor e acadêmico baiano Wilson Lins. Homem do sertão, ele tem muito saber e é bom contador de histórias. Em sua companhia tome um refresco de umbu, ou então uma umbuzada — que se faz como o refresco, substituindo a água pelo leite —, se estiver muito quente tome um sorvete, é mais refrescante que o de limão.

A fruta e os derivados são citados nos livros: *O capitão de longo curso; Dona Flor e seus dois maridos; Tereza Batista cansada de guerra; Tieta do Agreste; Tocaia Grande* e *O sumiço da santa*. Além da fruta ao natural são citados: o licor, o refresco, o suco e a umbuzada.

Utilize as receitas gerais para fazer: batida, caipirinha, caipirosca, licor, refresco, suco, vitamina, doce em calda, fruta cristalizada, geléia, musse, sorvete e salada de fruta. Fruto do umbuzeiro (*Spondias tuberosa*), árvore da família das anacardiáceas.
100 g de umbu equivalem a 44 calorias.

Aceite um refresco de umbu, um sorvete de cajá. Se prefere uísque, também posso lhe servir mas não lhe louvo o gosto.

(Tereza Batista cansada de guerra)

Conhecedor dos hábitos estabelecidos por dom Maximiliano para os encontros com a imprensa, no Museu, sabia que à tarde servia-se uísque, enquanto pela manhã, apenas sucos de frutas, se bem que variados: de umbu e cajá, de mangaba e caju, de maracujá e graviola. Inclusive de pitanga, um regalo.

(O sumiço da santa)

AS FRUTAS DO NORTE

Nenhuma das frutas desta parte é citada na obra de Jorge Amado, nem a fruta ao natural, nem seus derivados. Elas são frutas amazônicas, e dos estados que fazem fronteira com a região, o Maranhão e o Piauí.

Por que dona Flor não faz licor de abricó-do-pará? Por que Nacib não vende no bar Vesúvio o gostoso sorvete de cupuaçu? Creme de bacuri é sobremesa fina, mas não está no cardápio do doutor Emiliano, um gourmet, que ensina o bom e o melhor a Tereza Batista. Por quê? Acho que a resposta é simples: no tempo dos romances — que se estende por mais do que os 65 anos de vida literária do autor — estas frutas viviam em sua região sem sair, era preciso ir até lá para comê-las. O único personagem que viaja rumo ao Norte é o capitão Vasco Moscoso de Aragão, que leva o Ita de Salvador a Belém. Sua chegada no porto paraense, no entanto, é envolvida por tão grande desastre, que sobra lugar apenas para a cachaça e mais nada.

Nos últimos anos, com a industrialização da polpa de fruta congelada, cupuaçu, açaí e bacuri ganharam admiradores em todo o Brasil, nas formas de sorvete e de refresco.

ABRICÓ-DO-PARÁ

O DOCE NATURAL

Utilize as receitas gerais para fazer: batida, caipirinha, caipirosca, licor, refresco, suco, vitamina, doce em calda, fruta cristalizada, doce em pasta, doce de cortar, geléia, creme, musse, sorvete, salada de fruta e salada salgada.

Fruto da *Mammea americana*, árvore da família das gutíferas. 100 g de abricó-do-pará equivalem a 47 calorias.

O nosso abricó não tem nada a ver com aquele outro, comum na Europa, por nós conhecido como damasco. Minto, tem a ver no nome vulgar e na cor: por dentro o abricó-do-pará — *Mammea americana* — tem a cor amarelo-alaranjada do damasco — *Prunus armeniaca*. A pequena ameixa das temperaturas mais frias e a nossa grande fruta agreste (cada fruto pesa em torno de 1 quilo, podendo chegar até a 4 quilos), que gosta de calor, não devem ser confundidas, apesar de ambas terem delicioso sabor.

Eu gosto muito de abricó-do-pará, já o comi na Bahia e também no Maranhão, é fruta que se encontra por todo o Norte e mais raramente no Nordeste do Brasil. Com ele se faz sorvete e doce, mas o modo mais apreciado para saboreá-lo é cortado em fatias finas, que são polvilhadas com açúcar e deixadas macerar por algumas horas na geladeira. Fica como um doce sem estar cozido, ótimo para acompanhar uma taça de champanhe *brüt*.

Uma curiosidade, que pode gerar confusão sobre que fruta é esta, é seu nome em Cabo Verde, na África: mamão. Não há nenhum parentesco entre ela e a fruta que chamamos de mamão no Brasil.

DOCE CRU DE ABRICÓ-DO-PARÁ

INGREDIENTES
1 abricó-do-pará grande
3 colheres de açúcar

MODO DE FAZER
1. Descasque o abricó-do-pará e corte-o em fatias finas.
2. No prato que vai servir, arrume as fatias de abricó-do-pará polvilhando com açúcar. Faça camadas.
3. Leve à geladeira por algumas horas, até que tenha se formado bastante caldo.
4. Sirva bem fresco com champanhe.

BACURI

O GOSTO DO MARANHÃO

Utilize as receitas gerais para fazer: batida, caipirinha, caipirosca, licor, refresco, suco, vitamina, doce em calda, fruta cristalizada, doce em pasta, doce de cortar, geléia, creme, musse, sorvete, salada de fruta e salada salgada.
Fruto do bacurizeiro (*Platonia insignis*), árvore da família das gutiferáceas.
100 g de polpa de bacuri equivalem a 105 calorias.

    Durante quatro anos morei com minha família em São Luís do Maranhão. Os dois últimos anos num pequeno sítio no bairro do Turu, onde estava plantado, para nossa felicidade, um bacurizeiro. Como era bom poder olhar, diariamente, esta grande árvore já adulta, vê-la florescer e, no fim do ano, colher seus frutos deliciosos.
    Entre as frutas da região amazônica o bacuri é, de longe, a minha preferida. Casca bem dura, amarela manchada, por dentro são línguas brancas e uma polpa fina que envolve um ou dois caroços. A parte comestível parece com o mangostão na forma e no sabor, apesar do bacuri ser mais ácido.
    Quem não é da região pode conhecer o bacuri por seu sorvete, na Mil Frutas, no Rio de Janeiro, por exemplo, sempre tem e muito bom. Quem consegue os frutos frescos — ou mesmo a polpa congelada, que existe à venda em alguns supermercados — pode fazer doces deliciosos, entre eles a compota, o creme e a gelatina, especialidade de Nazareth Costa.

GELATINA DE BACURI DA NAZARETH

INGREDIENTES
2 latas de doce de bacuri em calda
7 folhas de gelatina branca
6 claras em neve
6 colheres de açúcar

MODO DE FAZER
1. Escorra a calda de uma das latas de doce de bacuri.
2. Dissolva a gelatina numa xícara de calda do doce.
3. Bata o bacuri escorrido no liquidificador com o resto da calda.
4. Junte a gelatina e bata mais um pouco.
5. Bata as claras em neve bem firmes, acrescentando o açúcar às colheradas. Misture-as ao bacuri batido com a gelatina.
6. Coloque numa fôrma e leve à geladeira por algumas horas, até que fique firme e possa desenformar.
7. Bata o bacuri e a calda da outra lata de doce, fazendo um creme que será derramado sobre a gelatina, na hora de servir.

CUPUAÇU

O PRIMO DO CACAU

Utilize as receitas gerais para fazer: batida, caipirinha, caipirosca, licor, refresco, suco, vitamina, doce em calda, doce em pasta, doce de cortar, geléia, creme, musse, sorvete e salada de fruta.
Fruto do *Theobroma grandiflorum*, árvore da família das esterculiáceas.
100 g de polpa de cupuaçu equivalem a 72 calorias.

Fruta da região amazônica, o cupuaçu é um *Theobroma* como seu parente cacau. A semelhança dos dois frutos está nos seus caroços, sendo que os do cupuaçu eram usados, segundo Pio Correa, na falsificação do *pó de cacau*. A curiosidade é que a semente do cupuaçu, ao contrário da do cacau, não contém cafeína.

Por fora são muito diferentes, o cupuaçu é muito maior e sua casca, marrom forte, dura, tem textura aveludada. Ele também tem mais polpa que o cacau, com a qual se fazem ótimos refrescos e sorvetes, além de um bombom — doce de cupuaçu recoberto de chocolate — indescritível. Os sorvetes e sucos são fáceis de fazer, a polpa congelada pode ser encontrada nos supermercados; já os bombons... Os meus, eu os recebo diretamente do Pará, enviados por minha madrinha Ruth Steiner, que conhece quem faz os melhores. E você, de onde é sua madrinha?

JUÇARA (AÇAÍ)

A FRUTA QUE É TERRA E FORÇA

Utilize as receitas gerais para fazer: licor, refresco, suco, vitamina e sorvete.
Fruto da juçareira (*Euterpe oleracea*), árvore da família das palmáceas.
100 g de juçara equivalem a 114 calorias.

"A adolescente era a palmeira esguia", assim começa um poema que Odylo Costa, filho, fez para Nazareth, sua musa. A palmeira esguia seria a carnaúba, que circundava o Rocio, sítio dos pais dela em Campo Maior, no Piauí? Eu, quando leio este verso, penso numa juçareira, palmeira ainda mais fina que a carnaúba, dando aparência de frágil, mas com frutos que sabem à força, têm cheiro e gosto de terra, daquela terra que é origem e que enraíza as árvores.

É linda a juçareira, com seus cachos de frutos cor de terra escura, quase pretos quando maduros. Amassando-os com rolo ou pedra se extrai o caldo que, misturado com açúcar, torna-se bebida apetitosa e forte. Eu disse bebida, mas ela é quase comida, pois pode ser misturada com farinha ou tapioca, com camarão seco: passa a valer por um almoço.

É do coração desta palmeira esguia que, na maioria das vezes, sai o palmito que comemos, tão apreciado em todo o Brasil. A fruta saiu do Norte, onde é mais famosa, para o Sul do país, e ficou conhecida pelo seu nome paraense: açaí. Ganhou mundo em forma de sorvete e de suco, ganhou até música de Djavan.

FRUTAS ESTRANGEIRAS

Pêra, uva ou maçã? Assim se perguntava na brincadeira infantil do "Passa, passa, gavião". Duas crianças davam-se as mãos e as suspendiam em arco, sob o qual passava a fila com os demais meninos e meninas. Os braços baixavam prendendo um, a quem se perguntava: "Pêra, uva ou maçã?". À resposta correspondia o local onde deveria ficar o capturado: atrás de um dos dois meninos do arco — que previamente haviam combinado entre si qual a fruta de cada um (pêra e maçã, por exemplo) — ou estaria livre, se respondesse a terceira fruta (uva, no exemplo).

Assim se ganhava intimidade com aquelas frutas que nos anos 50 eram mais raras nas mesas das famílias de classe média brasileira. Elas eram importadas, caras, geralmente artigo de presente, e, por leves à digestão, um agrado que se podia levar a um doente no hospital.

Hoje, quarenta anos depois, a situação mudou substancialmente, sobretudo para a maçã e para a uva — a pêra ainda não ganhou aqui o gosto que tem no exterior —, que passaram a ser cultivadas no Brasil com grande sucesso e tiveram seus preços reduzidos, ficando mais populares. E o "Passa, passa, gavião"? Parece que deu lugar a jogos eletrônicos onde não tem nem pêra, nem uva, nem maçã.

Na sala onde a Governanta o deixara esperando, Lisandro bateu os olhos em magnífica cesta contendo frutas estrangeiras, latas de biscoitos ingleses, chocolates suíços, portos e quinados portugueses. Ao lado, na mesa, a etiqueta da mercearia Ramos & Ramos, a mais conceituada e cara da cidade, e um cartão, retirado do envelope: "Ao ilustre Embaixador Francelino Almeida, expoente das letras e da diplomacia, homenagem de profunda admiração do General Waldomiro Moreira".

(Farda fardão camisola de dormir)

AS FRUTAS DE JORGE AMADO

FIGO

TURISTA AMERICANO

Não são citados em nenhum livro nem a fruta nem seus derivados, mas é fruta da predileção de Jorge Amado.

Utilize as receitas gerais para fazer: licor, vitamina, doce em calda, fruta cristalizada, doce em pasta, doce de cortar, geléia, creme, sorvete, salada de fruta e salada salgada. Fruto da figueira (*Ficus carica*), árbusto da família das moráceas.
100 g de figo fresco equivalem a 74 calorias e de figo seco a 305 calorias.

Passávamos o verão em Portugal, viajando de norte a sul num automóvel alugado, em grande farra e animação. O Algarve fervilhava de turistas, era difícil conseguir quarto em hotel, mesa em restaurante, vaga para estacionar o carro, mas a beleza da paisagem e a gentileza lusitana compensavam as dificuldades.

Em Pena Negra, perto de Sagres, paramos para olhar o mar por sobre o penhasco. Ali os turistas dividiam espaço com os vendedores ambulantes de figos secos — é preciso dizer que os figos secos portugueses são famosos pela qualidade e pela beleza, com eles se fazem verdadeiras esculturas. Saltamos do carro em frente a um vendedor que mostrava suas galinhas feitas de figo e mais os frutos secos soltos, que vendia a quilo. Papai usava uma de suas habituais camisas floradas sobre a bermuda, sandália e chapéu, e apoiava-se numa bengala, o que dava um charme a mais ao traje. O vendedor ao vê-lo iluminou-se, trazendo na mão um figo seco, que mostrou em linguagem de surdo-mudo, aproximou-se e exclamou com sotaque lusitano: "Good! Good!".

Ora, papai não sabe falar inglês, mas conhece a palavra *good*. Achou graça do português o estar confundindo com turista americano e resolveu levar a história adiante. Pegou o figo, comeu um pedacinho, e exclamou, ele também, em inglês com sotaque baiano: "Good! Good!".

O vendedor ficou feliz com o resultado, certo de que venderia quilos do figo, quem sabe até uma das galinhas — tão caras. Porém não se conteve ante a robustez do comprador — papai estava muito gordo, na época —, com o dedo indicador cutucou sua barriga e disse, em bom português: "Estás gordito, hein, seu filho da puta".

AS FRUTAS DE JORGE AMADO

Caímos todos na gargalhada e papai comentou em voz alta, em língua baiana: "Esse português pensa que sou americano!".

O susto que o homem levou ao ouvi-lo falar sua língua foi enorme: "Ai, que são brasileiros!".

Não me lembro bem se acabamos por comprar os figos, acho que sim, porque são tão bons e nós tão gulosos!

Muitas são as receitas com figos frescos, desde simplesmente congelados, comendo-se a fruta inteira como sorvete, até envoltos em presunto cru, como deliciosa entrada para um almoço de verão. Os figos agridoces são simples de fazer, guardam-se em frasco fechado por bastante tempo, e acompanham na perfeição aves e carnes assadas.

FIGOS AGRIDOCES

INGREDIENTES
1 kg de figos
1 l de água
300 g de açúcar
½ l de vinagre branco

MODO DE FAZER
1. Coloque numa panela a água, o açúcar e o vinagre e leve ao fogo.
2. Lave bem os figos para tirar todo o sulfato da casca e corte o cabinho.
3. Quando a mistura de água, vinagre e açúcar começar a ferver, mergulhe nela os figos inteiros, com casca.
4. Deixe ferver por 15 minutos, depois escorra, reservando o caldo.
5. Lave e ferva um frasco para conserva e seque bem.
6. Coloque os figos no frasco e cubra com o líquido de cozimento, o suficiente para cobri-los.
7. Feche o frasco hermeticamente e espere duas semanas antes de servi-los.

GRAPEFRUIT

NO CAFÉ DA MANHÃ

A fruta e os derivados são citados em Tieta do Agreste. Além da fruta ao natural é citado o suco de grapefruit.

Utilize as receitas gerais para fazer: batida, caipirinha, caipirosca, licor, refresco, suco, vitamina, doce em calda, fruta cristalizada, geléia, musse, sorvete, salada de fruta e salada salgada.
Fruto da Citrus decumana, árvore da família das rutáceas. 100 g de grapefruit equivalem a 52 calorias.

É difícil encontrar grapefruit — ou pomelo, seu nome em português — no Brasil. Acredito que a falta de hábito de seu consumo faça com que ela seja pouco produzida e comercializada por aqui, fazendo muita diferença para seus primos cítricos — laranjas, limas, tangerinas —, que têm maior destaque no gosto dos brasileiros.

É por isso que a grapefruit faz parte do cardápio de Zélia e Jorge somente quando estão em Paris. Pela manhã, enquanto ela prepara o café com leite, faz torradas e coloca o queijo cottage na tigela, ele corta uma bela grapefruit — ou *pamplemousse*, seu nome francês —, de preferência das que são rosadas por dentro, coloca cada banda numa tigelinha e as serve na mesa. É com essa fruta que o casal de escritores começa o dia, quando estão do lado de cima do equador.

O sorvete de grapefruit com Campari, eu o tomei uma vez num jantar francês, no restaurante Saint Honoré, no Rio de Janeiro. Ele foi servido entre o prato de peixe e o de carne, para lavar a boca. Fiquei encantada com este *sorbet* delicado, com um leve toque amargo. Mais encantada ainda eu fiquei ao encontrar sua receita.

Fisionomia preocupada, o diretor de relações públicas da Brastânio, vestido apenas com um robe-de-chambre de seda negra, conversa com doutor Rosalvo Lucena diante de uma bandeja com os restos do café, do mamão, do suco de grapefruit.

(Tieta do Agreste)

SORBET DE GRAPEFRUIT E CAMPARI

INGREDIENTES
3 grapefruits vermelhas
¼ xícara de açúcar
1 xícara de vinho branco
suco de 1 limão
2 colheres de Campari
2 claras de ovo
2 colheres de água

MODO DE FAZER
1. Faça uma calda com a água e o açúcar e deixe esfriar.
2. Esprema as grapefruits, misture com o suco de limão e coe.
3. Misture o suco coado com o vinho, o Campari e a calda de açúcar.
4. Bata as claras em neve e acrescente à mistura de bebidas.
5. Leve ao congelador, quando começar a gelar tire e bata no liquidificador. Leve de volta ao congelador. Repita esta operação várias vezes para que o sorvete fique macio.

LICHI

A PRIMA CHINESA DA PITOMBA

Lichi é fruta chinesa, e foi na China que Zélia e Jorge a provaram ao natural pela primeira vez. Digo ao natural, porque já conheciam a fruta feita como compota de calda fina, a sobremesa preferida nos restaurantes chineses.

Divertido debate entre amigos agitou um passeio ao sítio de Odylo, em Petrópolis, num tempo em que a lichi não era encontrada fresca nos mercados brasileiros. A discussão girava em torno do parentesco da fruta chinesa com a pitomba. Amigos piauienses, bairristas, juravam tratar-se da mesma fruta, os defensores da lichi — entre eles Zélia e Jorge — não concordavam, "frutas inteiramente diferentes!". Ninguém ganhou a discussão naquele momento, mas os Amado ganharam uma mudinha de lichi de um fazendeiro vizinho que tinha vários pés no seu pomar.

Chegando a Salvador, a muda foi imediatamente entregue a Zuca, o jardineiro, com mil instruções para que plantasse logo, escolhesse lugar adequado, e que cuidasse como de um filho, pois era planta estrangeira e de estimação. Passado um tempinho, Zélia e Jorge viajaram para uma temporada na Europa, e novas recomendações foram feitas a Zuca. Foi assim que, passados alguns meses, já no final da viagem, chegou carta da secretária do Brasil acompanhando um bilhete de Zuca. Ele, que sempre que escrevia contava notícias ruins (falta ou excesso de chuva, plantas mortas, formigas que aparecem), pela primeira vez mandava boas notícias: "Dona Zélia e doutor Jorge, bom dia. Aqui vai tudo bem, as plantas bonitas, verdinhas. A planta estrangeira de dona Zélia tá grande e bonita, já deu uma pitanga!". Pois é, não foi nem pitomba, foi pitanga mesmo. O fazendeiro deve ter-se enganado de muda, ou ter-se vingado por terem desprezado as pitombas do seu Piauí natal.

Não são citados em nenhum livro nem a fruta nem seus derivados, mas é fruta do agrado de todos da casa.

Utilize as receitas gerais para fazer: batida, caipirinha, caipirosca, licor, refresco, suco, vitamina, doce em calda, fruta cristalizada, geléia, creme, musse, sorvete, salada de fruta e salada salgada.
Fruto da *Nephelium litchi*, árvore da família das sapindáceas.
100 g de lichi equivalem a 68 calorias.

Para tirar a dúvida sobre essa história de lichi ser pitomba, fui comparar os dois: a lichi é fruto de *Nephelium litchi*, da família das sapindáceas; a pitomba é fruto da *Jalisia esculenta*, também da família das sapindáceas. São, portanto, da mesma família e têm algumas semelhanças: ambas dão em cachos, têm casca quebradiça e um caroço coberto por polpa fina. Por outro lado existem as diferenças de cor e textura da casca, de gosto e de perfume, dando à lichi um indiscutível primeiro lugar. Há também quem diga parecer-se a lichi com o abiu. Aí, francamente, não dá para entender, nem da mesma família são!

PANQUECAS CHINESAS COM LICHI

INGREDIENTES

massa:
3 colheres de farinha de trigo
2 ovos
1 xícara de leite

recheio:
24 lichis frescas
1 colher de açúcar
1 colher de licor Grand Marnier
2 colheres de suco de limão
sal
açúcar de confeiteiro
2 colheres de manteiga

MODO DE FAZER

1. Bata num liquidificador a farinha de trigo, os ovos, o sal e o leite, fazendo uma massa fina.
2. Numa frigideira, com o fundo antiaderente, coloque colheradas espalhando bem, deixando assar de ambos os lados, fazendo panquecas finas.
3. Descasque e desencaroce as lichis.
4. Coloque-as numa panela com 2 colheres de manteiga e 1 colher de açúcar, junte o licor e o suco de limão e leve a cozinhar em fogo baixo.
5. Dobre a panqueca em 4 e coloque um lichi sobre ela, regando com a calda que se formou.
6. Polvilhe com açúcar de confeiteiro.
7. Sirva quente.

MAÇÃ

A MAÇÃ DA PANAIR DO BRASIL

A fruta e os derivados são citados nos livros: *O capitão de longo curso, Os pastores da noite* e *Farda fardão camisola de dormir.*

Pode-se comer a maçã assada e frita. Utilize as receitas gerais para fazer: batida, licor, refresco, suco, vitamina, doce em calda, fruta cristalizada, geléia, musse, sorvete, salada de fruta e salada salgada. Fruto da macieira (*Pyrus malus*), árvore da família das rosáceas. 100 g de maçã equivalem a 52 calorias.

Por muito tempo achei que maçã era fruta sem graça, comida de doente. Ela só ficava mais apetitosa quando vovô João trazia uma como presente de sua viagem a Ilhéus — presente de avô é sempre bom. Maçã vinda de Ilhéus nos anos 50 parece um pouco estranho, não é? Eu explico: todo ano Lalu e o coronel João Amado iam do Rio para Ilhéus para passar um tempo na fazenda de cacau. Na volta, no avião da Panair do Brasil — misto de passageiro e carga, o "místico", como vovô João chamava — ofereciam pequeno lanche onde sempre tinha uma maçã que os avós não comiam, guardavam para nós: a de Lalu era para João Jorge, a de vovô João para mim.

Gosto bom de maçã eu vim a conhecer fora do Brasil. Lembro de Norma Sampaio chegando da Europa, declarando: "Eu antes nunca tinha comido maçã, a daqui e a de lá são duas frutas diferentes".

Mas as coisas evoluem e o cultivo da maçã no Brasil desenvolveu-se grandemente. Hoje em dia a preferência é pela maçã nacional: doce, firme e saborosa, que a população pode comprar mesmo na feira de Água de Meninos, barata, dividindo espaço com cajus e mangabas.

— Não tolera jaca, fruta para ela tem que ser maçã ou pêra...
— Não diga...
Curió lambia os dedos, fruta boa é jaca, ainda mais pela manhã, em jejum. Como não gostar de jaca e babar-se por pêra e maçã, frutas bobas, que gosto tem maçã? Até batata-doce é mais saborosa, menos insossa.

(Os pastores da noite)

Apenas soube do acidente com Francelino, corri para o apartamento do velhinho. A primeira coisa que vi, ao entrar, foi uma enorme cesta de frutas: maçãs, peras, uvas, e um cartão adulador, assinado com o nome do Coronel Agnaldo Sampaio Pereira, só que a letra era do nosso Lisandro.

(Farda fardão camisola de dormir)

SALADA DE CAMARÃO COM MAÇÃ À MINHA MANEIRA

INGREDIENTES
1 kg de camarão médio
6 maçãs (nacional ou golden)
suco de 2 limões grandes
1 cebola
1 ricota
1 xícara de passas sem semente
1 iogurte desnatado ou
1 copo de creme de leite fresco
azeite de oliva o quanto baste
sal a gosto
pimenta-do-reino rosa, moída na hora
1 pitada de cravo em pó

Obs.: A salada pode ser só de maçã, sem camarões, ou também de frango ou peito de peru defumado.

MODO DE FAZER
1. Cozinhe os camarões com casca e cabeça (lembre de tirar os olhos antes) no vapor, descasque e reserve.
2. Descasque as maçãs e corte-as em cubos.
3. Esprema um limão sobre a maçã cortada e reserve.
4. Coloque as passas de molho em água por meia hora.
5. Corte a cebola miudinha e reserve.
6. Amasse a ricota com um garfo e tempere com o suco de um limão, sal, cravo, pimenta-do-reino, regando generosamente com azeite de oliva.
7. Acrescente o iogurte ou o creme de leite (se quiser a salada menos ou mais calórica) e amasse bem para obter um creme consistente.
8. Escorra a água das passas e misture-as, assim como os demais ingredientes, ao creme de ricota.
9. Coloque na geladeira.
10. Sirva fresca.

MANGOSTÃO

NEC PLUS ULTRA

Não são citados em nenhum livro nem a fruta nem seus derivados, porém é considerada uma das melhores frutas do mundo por muitos, entre eles Zélia e Jorge Amado.

Utilize as receitas gerais para fazer: batida, caipirinha, caipirosca, licor, refresco, suco, vitamina, doce em calda, fruta cristalizada, geléia, creme, musse, sorvete, salada de fruta e salada salgada.
Fruto da *Caroinia mangostana*, árvore da família das gutíferas. 100 g de mangostão equivalem a 62 calorias.

Desde pequeninha que ouço falar em mangostão. Mamãe e papai haviam comido uma vez em Rangoon, dada por Pablo Neruda — conhecedor, pois havia servido como diplomata na Birmânia —, e a partir de então foram categóricos: é das melhores frutas que existem no mundo!; o *nec plus ultra*, como diria o doutor Teodoro Madureira a dona Flor. Para mim ficou sendo uma espécie de sonho. Pensava: "Será que um dia vou ter o privilégio de provar um?". Depois que conheci Pedro e entrei para a família de Odylo Costa, filho, o sonho do mangostão se potencializou. Acontece que meu ex-sogro, estudioso de comidas e comilão — dois pontos de identificação que tínhamos —, muito tinha lido sobre a fruta e mais ainda desejava prová-la.

Foi nos anos 80, eu já maior de trinta anos, que recebi de presente de meus pais, enviado de Paris, um pequeno embrulho com meia dúzia de mangostões. Morávamos em Brasília, Sarney era presidente da República e eu trabalhava com ele. Assim dividi o regalo, com a generosidade própria dos Amado: um para mim, um para Pedro, Mariana e Cecília, minhas filhas, tiveram direito a um cada uma, os dois restantes foram para Marly Sarney e para Nazareth, então minha sogra. Ela experimentou também por Odylo, que se foi sem ter podido sentir este sabor maravilhoso.

A partir daí não paramos mais de comer mangostão. Ainda em Brasília, um belo dia, Marly — que se tornara propagandista da fruta — recebeu uma caixa com mangostões brasileiros, produzidos no Pará, no município de Vigia. Com a generosidade própria dos Macieira mandou para nós uma boa quantidade, e estavam deliciosos.

Agora, para sorte e alegria geral, os produtores brasileiros — e são muitos, inclusive no Sul da Bahia, a família Okawa, em Una — resolveram colocar parte de sua produção, antes inteiramente exportada, no nosso mercado. O preço, que era altíssimo, tem caído e já se pode comer mangostão comprado aqui mesmo. Na Perini sempre tem.

Ilustro este capítulo com texto de Eurico Santos sobre o mangostão, extraído de seu livro *Manual do lavrador brasileiro*, publicado em 1957. Ele nunca tinha visto ou provado um desses frutos, e o descreve através das descrições de outros autores.

Mangostão — É proclamada a rainha das frutas tropicais. A árvore, posto que atinja uma vintena de metros, o mais das vezes não passa dos cinco. Seu fruto, o famigerado mangostão, é esférico, assim como uma laranja de médio tamanho, de pericarpo coriáceo, glabro, luzidio, verde-amarelado na maturidade; as sementes em número variável estão envoltas numa polpa alva, translúcida, suculenta, trescalante de odor. O gosto desta fruta é ao nosso parecer indefinível, não que a provássemos, mas porque os autores definem-na diversamente. D. Bois afirma que há algo de um delicioso Chasselas no seu perfume e, pois, no seu gosto, mas outros, ainda o mesmo autor informa, crêem reconhecer um misto de framboesa, pêssego e uva.

Simão Costa diz que se parece mais com uma combinação de uva, morango, cereja e laranja. Há, pois, nesta fruta o capitoso dos frutos tropicais e a suave doçura dos pomos europeus. É uma fruteira extraterrena, filha talvez duma semente jogada do Paraíso por algum anjo travesso.

(Eurico Santos, Manual do lavrador brasileiro)

SORBET DE MANGOSTÃO COM CHAMPANHE

INGREDIENTES
6 mangostões
1 clara de ovo
2 colheres de açúcar
150 ml de champanhe

MODO DE FAZER
1. Parta os mangostões, tire os caroços e corte em pedaços.
2. Bata a polpa no liquidificador com a champanhe.
3. Bata a clara em neve e adicione a ela o açúcar aos poucos, sempre batendo.
4. Misture a clara ao creme de mangostão e champanhe.
5. Leve ao congelador, quando começar a gelar tire e bata no liquidificador. Leve de volta ao congelador. Repita esta operação várias vezes para que o sorvete fique macio.

PÊRA

AS PERAS DE SANTIAGO DE COMPOSTELA

A fruta e os derivados são citados nos livros: *O capitão de longo curso*; *Os pastores da noite*; *Farda fardão camisola de dormir* e *O sumiço da santa*.

Utilize as receitas gerais para fazer: batida, caipirinha, caipirosca, licor, refresco, suco, vitamina, doce em calda, fruta cristalizada, doce em pasta, doce de cortar, geléia, creme, musse, sorvete, salada de fruta e salada salgada.
Fruto da pereira (*Pirus communis*), árvore da família das rosáceas.
100 g de pêra equivalem a 61 calorias.

O ano era de 1965, João Jorge e eu, adolescentes, fazíamos com nossos pais a primeira viagem à Europa, depois da volta do exílio, treze anos antes. No navio *Monte Umbe* seguimos até Vigo, nosso porto final. A primeira parada do circuito europeu foi Santiago de Compostela, começava o deslumbramento: sensações e emoções múltiplas que não se limitaram à beleza do lugar, da igreja, da própria imagem de Santiago; o gosto que ficou na boca foi o de peras suculentas, outra fruta diferente daquela insossa que existia por aqui. Foi aí também que aprendi a misturá-la com queijo, mistura mais deliciosa. Ela ficou sendo para mim, para sempre, a fruta de Santiago de Compostela.

Fiz uma adaptação da salada que gosto de comer quando vou no restaurante italiano L'Enoteca, perto da casa de meus pais em Paris, com os ingredientes que se encontram no Brasil.

Nada disso adiantou. Há quatro dias, em noite cálida, exatamente quando eu terminava de estender-me no leito e começava a regalar-me com uma pêra da meia dúzia trazida pelo juiz de uma visita à Bahia; enquanto Dondoca, numa brincadeira muito de seu gosto e divertida, escanchada como a cavalo no meu peito...

(O capitão de longo curso)

Nesses quase vinte anos de casados, umas quantas vezes, não muitas, ele partira batendo as portas, amotinado, aos gritos, dizendo que ia fazer e acontecer. Não fazia nem acontecia: voltava horas depois, um cordeirinho, cessada a raiva, terminado o desacordo. Para passar a esponja na desavença trazia-lhe um agrado: uma fruta européia, pêra ou maçã, uma barra de chocolate ao leite, uma rosa vermelha.

(O sumiço da santa)

SALADA VERDE COM PÊRA E PARMESÃO

INGREDIENTES
1 alface paulista
1 alface carvalho roxo
5 folhas de rúcula
1 pêra grande, madura e suculenta
½ pimentão vermelho
150 g de queijo parmesão em lascas
azeite
1 colher (sobremesa) de vinagre balsâmico de Módena
sal
pimenta-do-reino branca, moída na hora

MODO DE FAZER
1. Lave bem as folhas das alfaces e de rúcula.
2. Seque-as bem.
3. Coloque as folhas numa saladeira, partindo-as com as mãos em pedaços grandes.
4. Limpe o pimentão das sementes e corte-o em rodelas bem finas.
5. Descasque a pêra e corte-a em fatias finas e compridas.
6. Misture o pimentão e a pêra com as folhas.
7. Numa tigelinha misture o vinagre, o azeite e o sal, batendo com dois garfos de sobremesa.
8. Jogue o molho sobre a salada, moa um pouco de pimenta-do-reino branca por cima e espalhe o parmesão em lascas.

PÊSSEGO

LUCAS ARVOREDO E O DOCE DE PÊSSEGO

A fruta e os derivados são citados nos livros: *Os subterrâneos da liberdade* e *Seara vermelha*. Além da fruta ao natural é citado o doce em calda.

Utilize as receitas gerais para fazer: batida, caipirinha, caipirosca, licor, refresco, suco, vitamina, doce em calda, fruta cristalizada, doce em pasta, doce de cortar, geléia, creme, musse, sorvete, salada de fruta e salada salgada.
Fruto do pessegueiro (*Prunus persica*), árvore da família das rosáceas.
100 g de pêssego equivalem a 50 calorias.

Pêssego! Quem come pêssego nos livros de Jorge Amado? Talvez nas cestas de frutas importadas que os candidatos à Academia Brasileira de Letras enviaram ao acadêmico doente, em busca de voto, no meio das maçãs e uvas estivessem também pêssegos perfumados. Mas o escritor não os cita, nem em *Farda fardão camisola de dormir*, nem em outra mesa mais fina, como na dos milionários de *Os subterrâneos da liberdade* ou na dos pais de Patrícia em *O sumiço da santa*. Essa fruta de origem persa — ou quem sabe chinesa, há controvérsias —, pouco vendida no Brasil, é cara e rara quando se trata dela fresca, mas se torna mais popular quando sob a forma de doce em calda. Fresca ela é comida na Espanha por Apolinário, que para lá foi fazer a guerra, em *Os ásperos tempos*, primeiro romance da trilogia *Os subterrâneos da liberdade*. Uma pele de pêssego, como se costuma dizer para elogiar o viço e a formosura de um belo rosto, tinha Tereza Batista. Como doce em calda ela também aparece na literatura de Jorge Amado, para deleite de Lucas Arvoredo, o cangaceiro, e seu bando! Isso mesmo, são os cangaceiros que devoram pêssegos em calda, em *Seara vermelha*!

O suflê gelado de pêssego é uma receita muito simples e deliciosa que vem da Pérsia e faz parte dos manjares das mil e uma noites.

O Prefeito pousou o copo. O difícil era começar. Lucas afastou o prato (tanto ele como os seus homens comiam com a mão, os talheres desprezados), chamou o dono do hotel:
— Traga doce... de tudo que tiver... Esses de lata é que eu gosto...

Os cangaceiros bateram palmas. Lucas começou a comer o doce de pêssegos, lambeu o caldo que ficara no prato:
— Tem mais?

(Seara vermelha)

Contentava-se a maioria — inclusive as comadres, o meritíssimo e o círculo dos letrados — em atribuir tão longo xodó a uma causa única: a crescente formosura de Tereza Batista às vésperas dos quinze anos; pequenos seios rijos, ancas redondas, aquela cor assentada de cobre, pele doirada. Pele de pêssego, na poética comparação do juiz e bardo — infelizmente pouquíssimos puderam apreciar a justeza da imagem por desconhecimento da fruta estrangeira. Marcos Lemos, guarda-livros da usina de açúcar, de tendências nacionalistas, preferiu rimá-la com o mel da cana e a polpa do sapoti.

[...]

(Tereza Batista cansada de guerra)

Comeram os dois, enquanto a mulher, de pé ao lado da mesa, os olhava sem palavra. Don Pedro serviu vinho. Apolinário esperava impaciente que o noticiário começasse. Quase não comeu. Veio para junto do rádio, mastigando um pêssego.

"Os ásperos tempos", em
Os subterrâneos da liberdade)

SUFLÊ GELADO DE PÊSSEGO

INGREDIENTES
5 ovos
175 g de açúcar
½ copo de água
300 g de creme fresco
1 cálice + 2 colheres de licor Grand Marnier
5 pêssegos

MODO DE FAZER

1. Numa panela coloque a água e o açúcar e deixe ferver por pouco tempo, fazendo uma calda fina.
2. Deixe a calda amornar e separe 160 g, misture as 2 colheres de licor à calda que restou e reserve.
3. Bata as gemas como para um omelete e, sempre batendo, incorpore as 160 g da calda. Isto deve ser feito numa tigela que estará dentro de uma bacia com gelo.
4. Só pare de bater quando a mistura tiver esfriado inteiramente.

5. Bata o creme em chantilly.
6. Misture o chantilly e o cálice de licor ao creme de gemas e calda.
7. Bata as claras em neve bem firme e incorpore delicadamente à mistura.
8. Coloque no prato de servir e leve à geladeira por pelo menos 3 horas.
9. Descasque e corte os pêssegos em lâminas e regue-os com a calda misturada com licor.
10. Na hora de servir, disponha os pêssegos em torno do suflê.

TÂMARA

O TURCO JORGE AHMAD

A fruta é citada no livro *Tocaia Grande*.

Utilize as receitas gerais para fazer: doce em calda, fruta cristalizada, sorvete, salada de fruta e salada salgada. Fruto da tamareira (*Phoenix dactylifera*), árvore da família das palmáceas. 100 g de tâmara fresca equivalem a 165 calorias e de tâmara seca a 306 calorias.

Tenho muito orgulho de minhas origens e de minha condição de mestiça. Sempre que ouço essa conversa de "eu sou negro, eu sou branco", dou uma risadinha para dentro e penso: "eu sou feliz, sou mestiça". Mas por que falar disso quando estamos falando de tâmaras? A resposta é que encontro nas tâmaras o sangue árabe que tenho e que vem de meu pai. Eu sei por que sou italiana, do Vêneto e de Florença, onde nasceram os pais de minha mãe, sei também por que sou índia e negra. Neta de índia era a minha avó Lalu, mãe de papai, com seus cabelos pretos escorridos. Uma bisavó de meu avô João foi uma mulher corajosa, bateu o pé e se casou com o negro empregado de seu pai, e com ele gerou mulatos para a grandeza da família Amado. O lado judeu é fácil de imaginar, os Amado — cristãos-novos —, fugindo da Inquisição para a Holanda e vindo com Nassau para o Brasil. Mas sempre me pergunto onde está o árabe que deu a meu pai essas feições de Fadul, de Nacib, de Jamil que ele tem, que lhe deu esse amor pelas tâmaras.

Um dia, quando eu morava em Brasília, papai pediu-me para procurar saber, junto a uma embaixada de país árabe, sobre um livro seu que vinha de ser publicado naquele país. Telefonei e me apresentei ao adido cultural dizendo ser a filha do escritor Jorge Amado. A reação foi imediata: "Amado não, minha senhora, o nome dele é Jorge Ahmad, pois ele é árabe e nós temos muito orgulho disso".

Cada vez que vejo papai não resistir, quebrar seu regime, e comer, com tanto prazer, suas tâmaras, sejam elas frescas ou em passas, me sinto na presença do turco Jorge Ahmad, o mestiço de judeu e árabe, negro e índio.

A receita libanesa de Maamoul com tâmaras é uma homenagem a Nacib Saad, Fadul Abdala, Jamil Bichara, Raduam Murad e Ibrahim Jafet, os turcos nascidos de Jorge Amado.

Recordou-se molecote metido no djelabá, recolhendo tâmaras: já então grandalhão e desengonçado. Estava completando quinze anos da data da partida. Sabor ácido e agreste dos cajás, tão diferentes do paladar suave e macio das tâmaras maduras, frutos criados por Deus para regalo dos homens.

Fadul aprendera a crer e a confiar em Deus com seu tio Said Abdala, sacerdote maronita de conselho e apetite celebrados. Vinham de longe consultá-lo, traziam-lhe tâmaras e uvas que ele comia a mãozadas enquanto resolvia pendências e anunciava o volume das colheitas; o mel das frutas escorria-lhe pela comprida barba negra.

Mudara muito naqueles quinze anos, o tio não o reconheceria, constatou Fadul saboreando os cajás um a um; mudou por fora e por dentro, prefere os cajás às tâmaras e as uvas não lhe fazem falta, bastam-lhe as jacas, de preferência as moles. Voltara a nascer naquelas brenhas, o menino vestido com o djelabá ficara para sempre do outro lado do mar.

(Tocaia Grande)

MAAMOUL COM TÂMARAS

INGREDIENTES

massa:
900 g de semolina
150 g de farinha de trigo
2 pacotes de 200 g de manteiga sem sal
2 colheres de água de flor de laranjeira
1 colher de mahlab moído (cereja branca moída)

recheio:
1 ½ kg de tâmaras sem caroço
200 g de manteiga sem sal

MODO DE FAZER

1. Peneire a semolina e a farinha juntas.
2. Derreta a manteiga e misture-a às farinhas.
3. Junte a água de flor de laranjeira e amasse muito bem até que fique uma massa de boa consistência.
4. Deixe descansar por meia hora.
5. Amasse as tâmaras para que fiquem bem lisas.
6. Misture com a manteiga e continue a amassar.
7. Enrole esta massa de tâmara e manteiga dando formato de tâmaras.

8. Abra a massa em retângulos de 2 centímetros de largura por 6 centímetros de comprimento.
9. Recheie cada retângulo com um enrolado de tâmara e feche.
10. Coloque em assadeira untada com manteiga e farinha de trigo.
11. Leve a assar em forno quente, preaquecido.

UVA

A UVA-ITÁLIA DO VALE DO SÃO FRANCISCO

A fruta e os derivados são citados nos livros: *O capitão de longo curso; Farda fardão camisola de dormir* e *Tocaia Grande*.

Utilize as receitas gerais para fazer: batida, caipirinha, caipirosca, licor, refresco, suco, vitamina, doce em calda, fruta cristalizada, geléia, creme, musse, sorvete, salada de fruta e salada salgada.
Fruto da videira (*Vitis vinifera*), árvore da família das vitáceas. 100 g de uva equivalem a 81 calorias.

Já houve tempo em que uva era fruta européia, quando aqui só se encontrava essa uvinha preta de chupar, que é boazinha, mas não se compara com aquela uva verde ou rubi, grande, durinha e saborosa. Que surpresa eu tive ao ir há alguns anos com minha filha Mariana a um mercado em Roma — ela morava lá — e comprar lindas uvas-itália produzidas no Brasil. Pois é, uva-itália do Brasil vendida na Itália! Mais interessante é saber que esse Brasil que produz uva-itália não é o Brasil do Sul, europeu; as nossas parreiras de uva comestível — pois no Sul estão as de vinho — ficam no vale do São Francisco, no Nordeste brasileiro.

Os personagens que comem uva, no entanto, não são os nordestinos. No Nordeste das histórias de Jorge Amado a uva do São Francisco ainda não existe. Ela, neste universo, é fruta muito fina, para ser dada de presente aos ricos e às amantes.

A salada de cenoura com passas é andaluza, da Espanha com influência muçulmana.

Comprou um quilo de uvas, fruta da predileção de Ruth. Ela rompia com os dentes os bagos sumarentos. Comprou um queijo, uma lata de marmelada. E, para completar a festa, uma garrafa de vinho português. Tomou o trem das duas e meia da tarde, Ruth estaria solitária e triste, a pobre.

(O capitão de longo curso)

Anda pela casa, barata tonta — pareces uma barata tonta, comentou o General ao vê-la aflita, dando ordens, cobrando tarefas. Surge na copa, onde Cecília e Sabença descascam frutas para o ponche, abacaxis, maçãs, peras, laranjas, uvas e, quando a sós, trocam beijinhos — dia feliz!

(Farda fardão camisola de dormir)

SALADA DE CENOURAS COM PASSAS

INGREDIENTES
1 kg de cenouras
200 g de passas sem caroço
½ copo de mel
1 colher de azeite de oliva
1 dente de alho
sal a gosto
1 colher (chá) de gengibre ralado
1 colher (café) de canela em pó
1 colher (café) de açafrão

MODO DE FAZER
1. Lave e corte as cenouras em cubos.
2. Coloque-as numa panela com as passas, o azeite, o alho amassado, o sal, o gengibre e o açafrão — que foi previamente diluído em um pouco de água.
3. Cubra tudo com um pouco de água e cozinhe em fogo moderado.
4. Pouco antes de terminar o cozimento, acrescente o mel e a canela.
5. Deixe ferver mais uns minutos e retire do fogo.
6. Deixe esfriar antes de servir.

RECEITAS GERAIS

Busquei no meu caderno de receitas e na minha biblioteca de culinária pratos especiais para apresentar junto com as frutas. Na realidade aqueles pratos não fazem parte do repertório da literatura amadiana, com exceção feita à frigideira de maturi e à jenipapada, apesar de muitas vezes estarem presentes à mesa do escritor. Isto não significa que em sua obra as frutas sejam comidas apenas ao natural, poderia mesmo dizer que sendo o escritor das frutas da Bahia, Jorge Amado é também o cantador dos refrescos, das batidas e licores, dos doces, dos sorvetes e das geléias feitos com elas.

A maioria destas receitas são comuns a muitas frutas, daí ser mais simples apresentá-las em receitas gerais com as indicações de que frutas se prestam à sua confecção, e das especificidades que houver.

BEBIDAS

BATIDAS

Bebida de festa de largo, para se tomar no aperitivo do almoço saboreando uma lambreta, e mesmo para animar uma conversa em noite de fim de semana, sem hora para terminar. A mistura da cachaça com o açúcar e a fruta faz a bebida "pegar" que é uma beleza, mas existem truques para contornar essa situação, por exemplo: intercalar as batidas com um copinho de caldo de sururu ou um caldinho de feijão com torresmo, ambos bem apimentados, eles cortam o efeito do álcool e permitem que se continue com a batidinha por muito tempo.

As batidas são preparadas com sumo de fruta — ao natural, sem ser fervida ou feita em calda —, açúcar e cachaça. As proporções podem variar de acordo com o gosto de cada um, indo da batida leve à forte, com muita cachaça. O ideal é ir provando à medida que se faz, sempre lembrando de comer uma coisinha para não tontear antes das batidas estarem prontas. O açúcar pode ser substituído por mel ou por adoçante artificial, mas não deve ser retirado, pois deixaria de ser batida para ser cachaça com fruta. Para obter-se o sumo da fruta pode-se espremê-la (caso dos cítricos), bater a polpa pura no liquidificador e coar ou espremer num pano, ou bater a polpa com um pouco de água (ou mesmo com cachaça) e espremer num pano, ou passá-las por uma centrífuga.

Fazem-se também batidas mais elaboradas, mais fortes, às quais são acrescentados condimentos e aromatizantes, como a canela, o gengibre, o cravo, e mesmo pimenta-do-reino. Em outra versão a batida é misturada ao leite condensado, ficando bastante doce. Esta bebida permite muitas invenções.

Caso não deseje fazer a batida, ela pode ser comprada pronta numa das muitas casas de batidas que existem pelo Brasil. Lembre-se que é importante que a batida seja fresquinha, feita há pouco tempo, pois não se trata de bebida que deva maturar, apesar de agüentar uns dias na geladeira. Indico três locais onde se compra boa batida: o Bar do Deolino, na Mariquita, bairro do Rio Vermelho, em Salvador, onde é famoso o caldo de sururu; a Academia da Cachaça, no Farol da Barra, em Salvador, no Leblon e na Barra da Tijuca, no Rio de Janeiro — nas três fazem o caldinho de feijão e também um prato de carne-seca e purê de aipim chamado Escondidinho, que é bom demais —; e nas barracas do Mercado Modelo, em Salvador, onde estão as famosas lambretas apimentadas.

Faz-se batida com:

abacaxi, abiu, abricó-do-pará, bacuri, cacau, cajá, caju, carambola, coco, cupuaçu, goiaba, grapefruit, graviola, jabuticaba, jaca, jambo, laranja, lichi, lima, limão, maçã, mamão, manga, mangaba, mangostão, maracujá, melancia, pêra, pêssego, pinha, pitanga, sapoti, tamarindo, tangerina, umbu e uva.

As batidas de lima e de grapefruit devem ser bebidas assim que preparadas senão amargam.

Caruru para valer: doze grosas de quiabo. Os barraqueiros contribuíram para a compra dos ingredientes, as fábricas de bebidas forneceram engradados de cerveja, e doutor Zezé Catarino, jurista abonado, entrou com os litros de batida, encomendadas a Vilar e a Deolino, abastecedores do Mercado. Batidas de limão, coco, pitanga, cajá, tangerina e bote batida nisso: abundância, diversidade e categoria. A senhora do doutor, dona Regi, dama grã-finíssima, era filha de Yansã.

(O sumiço da santa)

BATIDA DE FRUTA

INGREDIENTES
sumo de fruta
cachaça
açúcar ou mel ou adoçante artificial

MODO DE FAZER
1. Misture os ingredientes em proporções que variarão de acordo com a fruta — é necessária uma quantidade maior de sumo de abacaxi do que de limão, por exemplo, e maior ainda se a batida for de abiu — e com o teor alcóolico que se deseja.
2. Sirva gelada.

CAIPIRINHAS & 'ROSCAS

Caipirinha deve ser feita na horinha mesma em que se vai beber, daí ser mais freqüente em restaurantes, bares ou na casa da gente. Apesar de se poder fazer em jarra grande — como aquela de lima-da-pérsia que Rodrigo Velloso fez na casa de Caetano no último 2 de fevereiro, maravilhosa! —, o mais habitual é ser feita no próprio copo de quem vai beber.

Os ingredientes das caipirinhas são: fruta, cachaça, açúcar — ou adoçante — e gelo. A diferença para a batida é que as frutas, cortadas e com casca (os cítricos), são esmagadas com o açúcar no próprio copo, coloca-se depois o gelo e por último a cachaça, mexendo-se com uma colher.

As 'roscas — nome dado por Dadá às caipiroscas — são feitas como as caipirinhas, substituindo-se apenas a cachaça pela vodca.

Uma invenção francesa é a caipirinha de Cointreau. Invenção é muito dizer, trata-se, na verdade, de uma adaptação da nossa caipirinha de limão, onde a cachaça é substituída por este licor. O resultado é suave e muito gostoso.

Faz-se caipirinha e 'rosca com:

abacaxi, abiu, abricó-do-pará, bacuri, cacau, cajá, coco, cupuaçu, goiaba, jaca, lichi, manga, mangostão, maracujá, pêra, pêssego e tamarindo sem casca; e caju, carambola, grapefruit, jabuticaba, laranja, lima, limão, mangaba, pêssego, pitanga, tangerina, umbu e uva, com casca.

Limites da decência, ai, na falta de Adalgisa, quem os poderia traçar numa Quinta-Feira do Bomfim, já chegada a noite, após tanta cerveja bebida nas barracas, as batidas e as caipirinhas, sem falar nos licores de convento e, ainda mais doce e embriagadora malvasia, a ininterrupta declaração de amor?

(O sumiço da santa)

CAIPIRINHA & 'ROSCA

INGREDIENTES
polpa de fruta ou a fruta cortada
cachaça ou vodca
açúcar ou adoçante artificial em pó

MODO DE FAZER
1. Coloque num copo a polpa da fruta, ou a fruta cortada, junte o açúcar ou o adoçante e amasse com um socadorzinho.
2. Adicione gelo e depois a cachaça ou a vodca.
3. Mexa tudo com uma colher.
4. Sirva em seguida.

LICORES

Cointreau, Fra Angelico, Drambouille, Amaretto, são alguns dos licores importados, clássicos, que circulam pelos copos brasileiros, já fazendo parte dos nossos hábitos. Eles não substituíram, no entanto, os licores de fabricação caseira, ou aqueles de pequena produção, como os filtrados pelas freiras do convento da Lapa, na Bahia, por exemplo. Leves, perfumados, em grande variedade de sabores, os licores artesanais não perdem sua freguesia. A concorrência de fora estimula os produtores locais, aqui em Salvador faz-se um licor de laranja que dizem competir com o Cointreau francês.

São muitas as ocasiões adequadas para se beber licor: nas festas de São João — o licor de jenipapo é indispensável —, nas visitas de fim de tarde; nos velórios; em momentos calmos, de conversação; como digestivo, após a refeição. É claro que às vezes o momento não é propício — por ser cedo, por estar quente —, mas se tem que fazer o sacrifício em nome dos negócios e da boa amizade. Foi o que aconteceu com Nacib, ao ficar sem empregada nas vésperas de grande almoço.

Faz-se licor com:

abacaxi, abiu, abricó-do-pará, araçá, bacuri, cacau, cajá, caju, carambola, coco, cupuaçu, figo, goiaba, grapefruit, graviola, groselha, jabuticaba, jaca, jambo, jenipapo, juçara, jurubeba, laranja, lichi, lima, limão, maçã, manga, mangaba, mangostão, maracujá, pêra, pêssego, pitanga, tamarindo, tangerina, umbu e uva.

Nacib sabia, por experiência própria, ser necessário tomar o licor — àquela hora da manhã, Senhor! — elogiá-lo, perguntar pelos trabalhos do presépio, mostrar por eles interesse, se quisesse levar a bom termo suas negociações. O importante era garantir os salgados e os doces do bar durante alguns dias, e o jantar da Empresa de Ônibus para a noite seguinte. Até arranjar uma nova e boa cozinheira.

(Gabriela, cravo e canela)

A condessa da Água Brusca, a Senhora Isabel Tereza Gonçalves Martins de Araújo e Pinho, torna-se cada vez mais íntima Zabela. Explica verbos franceses a Tadeu, ensina-lhe gíria. Degusta o licor caseiro — licor de cacau, fabrico de Rosa de Oxalá, néctar sublime! — como se provasse o melhor champanha.

(Tenda dos milagres)

Quantos cálices de licores de frutas — de pitanga, maravilha; de groselha, divino; de rosas, perfumado; o indispensável licor de jenipapo, tantos —, todos embriagadores.

(Tieta do Agreste)

LICOR DE FRUTA

INGREDIENTES
fruta
álcool
açúcar

MODO DE FAZER
1. Deixe a fruta em infusão no álcool por 4 a 5 dias.
2. Coe e meça a infusão.
3. Faça uma calda utilizando o dobro em açúcar da quantidade de infusão.
4. Misture a infusão com a calda.
5. Engarrafe e arrolhe bem.
6. Deixe descansar por pelo menos dez dias.
7. Sirva ao natural.

REFRESCOS E SUCOS

Bebidas de toda hora, refrescantes, os refrescos levam água, os sucos não, concentrando vitaminas e substâncias nutritivas em alimento leve e agradável. No livro *O sumiço da santa*, Jorge Amado ensina que em recepção pela manhã deve-se servir refresco e não bebida alcoólica.

Extrai-se o suco da fruta passando-a por uma centrífuga, ou espremendo-a — as frutas cítricas —, ou cortando-a em pedaços, batendo no liquidificador e depois coando, ou simplesmente peneirando a polpa, como é o caso do maracujá. Para fazer o refresco mistura-se o suco com água e açúcar — ou adoçante.

Fácil de fazer em casa, gostoso de beber na rua, nos bares que se especializam em sucos e sanduíches, muitos, espalhados por esse Brasil afora. Quero render uma homenagem ao meu preferido, o Poli Sucos, no Rio de Janeiro, onde as frutas são fresquinhas e as misturas, tão criativas, acompanham à perfeição o sanduíche de filé com queijo Palmyra.

Faz-se suco e refresco com:

abacaxi, abiu, abricó-do-pará, bacuri, banana, cacau, cajá, cajarana, caju, cana-de-açúcar (o caldo de cana), carambola, condessa, cupuaçu, goiaba, grapefruit, graviola, jabuticaba, jaca, jambo, jenipapo, juçara, laranja, lichi, lima, limão, maçã, mamão, manga, mangaba, mangostão, maracujá, melancia, pêra, pêssego, pinha, pitanga, sapoti, tamarindo, tangerina, umbu e uva.

Duas vezes por semana, pelo menos, após a janta, ele ensaiava o seu fagote para a tarde dos sábados, sagrada, quando se reunia a orquestra em casa de um ou outro musicista. Eram reuniões das mais alegres e cordiais, em torno a gorda mesa de merenda — a dona da casa excedendo-se para acolher os amadores — com refrigerantes e sucos de frutas para as damas, cerveja farta para os cavalheiros, por vezes uma cachacinha, se o tempo era de frio ou se era tempo de canícula.

(Dona Flor e seus dois maridos)

VITAMINAS COM OU SEM LEITE

A vitamina de fruta, como o nome diz, é alimento nutritivo, pois a polpa não é coada e sim misturada ao suco de outra fruta ou ao leite. As misturas aí são infinitas, pois podem-se combinar duas, três, dez frutas diferentes, pode-se substituir o leite por sorvete ou por iogurte, e o suco de fruta por suco de legumes, de todas as maneiras será bom, deixará a barriga cheia, a pessoa satisfeita.

Entre as combinações mais apreciadas estão: mamão com laranja, morango com laranja, abacate com leite e limão, banana com leite e umbu com leite, a célebre umbuzada.

Faz-se vitamina com:

abacate, abacaxi, abiu, abricó-do-pará, araçá, banana, bacuri, cacau, cajá, cajarana, caju, carambola, coco, condessa, cupuaçu, figo, goiaba, grapefruit, graviola, jabuticaba, jaca, jambo, jenipapo, juçara, jurubeba, laranja, lichi, lima, limão, maçã, mamão, manga, mangaba, mangostão, maracujá, melancia, pêra, pêssego, pinha, pitanga, sapota, sapoti, tamarindo, tangerina, umbu e uva.

... ai meu Deus, o de banana em rodinhas! —, todas as variações do milho, das espigas cozidas à pamonha e ao manuê, sem falar na canjica e no xerém obrigatórios em junho, a umbuzada, a jenipapada, as fatias de parida com leite de coco, o requeijão, os refrescos de cajá e pitanga, os licores de frutas. Modesta merenda, diziam as irmãs; banquete de fadas, no galanteio guloso de Daniel.

(Tereza Batista cansada de guerra)

VITAMINA DE FRUTA

INGREDIENTES
polpa de fruta
suco de fruta ou
leite ou
sorvete ou
iogurte
açúcar (facultativo)

MODO DE FAZER
1. Bata no liquidificador todos os ingredientes e sirva em seguida.

DOCES

Fazer doce de fruta é como brincar de mágico, pois com os mesmos dois ingredientes, fruta e açúcar, podem-se produzir variados gostos, texturas e prazeres. Se acrescentamos aromatizantes — cravo, canela, gengibre, baunilha ou casca de limão, por exemplo —, ou se acrescentamos outra fruta, ou outras frutas, aí então as possibilidades são infinitas.

Os doces das irmãs Moraes, de *Tereza Batista cansada de guerra*, são os em calda; o de araçá, feito por Elisa, irmã de Tieta, é de cortar; Zilda, mulher do capitão Natário, de *Tocaia Grande*, usa cajus e jenipapos para fazer passa. Tem ainda o doce cremoso e a geléia. Todos esses tipos resultam da mistura de fruta com açúcar e fogo. Importante o fogo, pois sem ele pode-se dar seqüência à mágica em doces naturais, mas que não se conservam, devem ser comidos logo. Vamos tratar aqui apenas dos feitos no fogo, que durarão um mês, uns meses, um ano, a depender do tipo do doce. Algumas regras são gerais e servirão para qualquer fruta:

— Muita atenção na escolha das frutas: se a receita as pedir maduras, elas devem estar no ponto certo, sem ter começado a passar ou sem estar ainda meio verdes; maduras, verdes ou de vez, atendendo à receita, não devem estar machucadas, manchadas, com bichinho dentro. Sinta o bom aroma, frutas perfumadas resultarão em doces perfumados.

— Lavar cuidadosamente as frutas é outro ponto importante. Faça-o em água corrente e fresca. Evite os exageros, que em vez de limpá-las, acabam é por feri-las e estragá-las — há quem lave uma goiaba, por exemplo, usando detergente e esfregando com escovinha, prática que eu não recomendo. Depois de lavadas, escorra-as e seque-as cuidadosamente.

— A limpeza deve estender-se também aos utensílios que serão utilizados, assim como aos frascos onde os doces serão armazenados depois de prontos — estes devem ser previamente fervidos por 10 minutos.

— Para obter uma boa calda use uma panela de fundo espesso, caso não tenha um tacho de cobre, que é o ideal. Nela dissolva 1 quilo de açúcar em ¼ de litro de água. Em fogo médio leve a ferver, sem mexer, pois há o risco de cristalizar e se perder a calda.

Algumas frutas, como o caju e a carambola, são sensíveis e empretecem por oxidação ao serem descascadas, por isso é recomendável usar sempre faca de aço inoxidável ao descascar as frutas em geral, pois nem sempre se sabe como cada fruta reage. Por vezes será necessário colocá-las em água com sumo de limão — também em função do problema de oxidação, para manter a cor da polpa —, mas neste caso deve-se cuidar, lavando logo antes de pôr na calda, se não desejar que o limão não interfira no gosto do doce.

Outras frutas, como a jaca, o sapoti, o mamão e o figo, quando verdes, têm um leite que deve ser escorrido através de talhos que se dão em suas cascas — maiores ou menores a depender da fruta. Para tratá-las — sobretudo no caso da jaca — deve-se passar óleo de cozinha na faca e nas mãos, evitando que vire cola.

Faz-se necessária, ainda, uma observação em relação à preparação dos cítricos, para os doces feitos de casca ou em que entra a casca. Laranjas, grapefruits, limões, cidras, tangerinas e limas devem ter a casca levemente ralada antes de serem cortadas. Depois a fruta deve sofrer rápida fervura, o que facilitará a operação de separar polpa e casca, e também começará o processo de tirar o amargor.

As cascas ficarão de molho em água fresca pelo tempo necessário para que percam o gosto amargo — 1 a 4 dias, a depender da fruta —, trocando-se as águas com freqüência. Na última escorrida de água, secam-se as cascas com pano limpo e faz-se o doce.

Em troca, todas as tardes merendava com as irmãs Moraes, mesa farta de doces, os melhores do mundo — de caju, de manga, de mangaba, de jaca, de goiaba, de araçá, de groselha, de carambola, quem cita de memória comete fatalmente injustiças, esquece na relação delícias essenciais, o de abacaxi, por exemplo, o de laranja-da-terra, ai meu Deus, o de banana em rodinhas!

(Tereza Batista cansada de guerra)

DOCES EM CALDA

O doce em calda pode ser de dois tipos: com calda fina ou com calda grossa. Ele é feito com frutas em pedaços — rodelas, metades, fatias, fatias enroladas, cascas — e mesmo inteiras, quando são pequenas como a groselha ou o araçá-mirim, simplesmente cozidas em calda. Um será menos doce, e terá menor tempo de conservação, no máximo três meses; o outro, com mais açúcar e calda bem apurada, poderá conservar-se, em média, por um ano.

Faz-se doce em calda, fina ou grossa, de:

ABACAXI maduro, descascado, sem o talo central, cortado em rodelas, em cubos ou ralado

ABIU maduro, descascado, cortado ao meio, sem caroço

ABRICÓ-DO-PARÁ maduro ou de vez, descascado, cortado em fatias

ARAÇÁ maduro ou de vez, inteiro ou cortado ao meio

BANANA madura, descascada, cortada em rodinhas, cortada ao meio ou inteira

BACURI maduro, apenas as línguas tiradas da casca (a polpa que envolve o caroço utiliza-se em outras preparações)

CAJÁ maduro, descascado, inteiro

CAJARANA madura ou de vez, descascada, inteira (ver receita no capítulo Cajarana)

CAJU maduro, tirada a castanha, com ou sem casca, espremido (fura-se o caju várias vezes com um palito e espreme-se, tirando parte do seu suco)

CARAMBOLA madura ou de vez, sem pele, inteira ou cortada em estrelas

COCO verde ou seco, em pedaços o verde, ralado o seco, pode-se substituir o açúcar por mel de cana e aromatizar com gengibre, para a cocada preta

FIGO maduro ou verde (deve-se escorrer o leite), descascado, inteiro ou cortado ao meio

GOIABA madura ou de vez, descascada, inteira ou cortada ao meio ou em quartos, sem caroços

GRAPEFRUIT casca cortada em quatro ou oito, tratada de acordo com a explicação da página 166

GROSELHA madura ou de vez, inteira

JACA mole ou dura, madura, sem caroço, bagos inteiros

JAMBO maduro ou de vez, descascado, inteiro ou cortado ao meio, sem caroço

LARANJA casca cortada em quatro, tratada de acordo com a explicação da página 166; rodelas da fruta cortadas com casca

LICHI madura, descascada, inteira e sem caroço

LIMA casca cortada em quatro ou em tirinhas, tratada de acordo com a explicação da página 166

LIMÃO casca inteira ou cortada em quatro, tratada de acordo com a explicação da página 166 (ver receita no capítulo Limão)

MAÇÃ madura, descascada, inteira ou cortada em quatro ou em fatias grossas, sem sementes, aceita bem meio copo de vinho tinto ou branco misturado à calda nos últimos cinco minutos de cozimento

MAMÃO verde (deve-se escorrer o leite), com ou sem casca, cortado em fatias, em cubos, fatias enroladas; maduro em cubos, passando por água de cal, para formar leve crosta em torno de cada pedaço

MANGA madura ou de vez, descascada, cortada em fatias espessas

MANGABA madura ou de vez (deve-se escorrer o leite), descascada, inteira (ver receita no capítulo Mangaba)

MANGOSTÃO maduro, apenas as línguas tiradas da casca (a polpa que envolve o caroço utiliza-se em outras preparações)

MARACUJÁ maduro, inteiro, sem a casca dura, mas conservando a pele que envolve a polpa

MELANCIA madura, parte branca entre a polpa e a casca, cortada em cubos

PÊRA madura, descascada, inteira ou cortada ao meio ou em quatro, com ou sem sementes, aceita muito bem meio copo de vinho tinto ou branco misturado à calda nos últimos cinco minutos de cozimento

PÊSSEGO maduro, descascado, inteiro com caroço ou cortado ao meio sem caroço

PITANGA madura, inteira

SAPOTI maduro ou de vez (escorrer o leite), descascado, inteiro, cortado ao meio ou em quatro

TÂMARA madura, descascada, inteira com caroço ou cortada ao meio sem caroço

TAMARINDO maduro ou de vez, sem a fava, com caroço

TANGERINA madura, inteira (a tangerina pequenina) ou a casca em quatro ou tirinhas, tratada de acordo com a explicação da página 166 (o doce da fruta inteira aceita muito bem 1 copo de conhaque misturado à calda nos últimos cinco minutos de cozimento)

UMBU de vez, descascado, inteiro com caroço

UVA madura ou de vez, descascada, inteira ou cortada ao meio sem caroço

---

DOCE EM CALDA FINA

INGREDIENTES
1 kg de fruta já preparada
½ kg de açúcar
1 l de água

MODO DE FAZER
1. Lave as frutas.
2. Prepare-as: descasque, corte, tire os caroços etc., se for o caso.
3. Prepare uma calda misturando 1 l de água e ½ kg de açúcar e levando ao fogo até ferver.
4. Coloque as frutas preparadas anteriormente, de forma que fiquem cobertas de calda.
5. Deixe ferver por uns 10 minutos.
6. Retire do fogo e deixe esfriar.
7. Pode-se juntar o suco de meio limão à calda, o que avivará o gosto da fruta e ajudará a manter sua cor.

DOCE EM CALDA GROSSA

INGREDIENTES
1 kg de fruta já preparada
1 kg de açúcar
1 copo de água

MODO DE FAZER
1. Lave as frutas.
2. Prepare-as: descasque, corte, tire os caroços etc., se for o caso.
3. Prepare uma calda misturando 1 copo de água e 1 kg de açúcar, levando ao fogo médio.
4. Coloque as frutas preparadas anteriormente, de forma que fiquem cobertas de calda.
5. Leve a fogo brando.
6. Com o auxílio de uma escumadeira, retire a espuma da superfície, à medida que se forma.
7. Quando a calda voltar a ferver, deixe cozinhar por mais 20 minutos.
8. Retire do fogo e passe o doce ainda quente para o frasco esterilizado.
9. Deixe esfriar e feche hermeticamente.

FRUTAS CRISTALIZADAS

A fruta cristalizada é feita a partir do doce em calda grossa, seco ao sol e polvilhado de açúcar cristal. Ele pode ser feito com as mesmas frutas que o doce em calda, porém as de polpa mais firmes, e as cascas de cítricos terão, mais facilmente, um bom resultado — é melhor fazê-lo com a jaca dura do que com a jaca mole, por exemplo. É desejável que a fase de secar ao sol seja feita sobre uma peneira de taquara — melhor que sobre assadeira —, pois deixará escorrer a calda que ainda houver e exporá melhor a fruta (já que ela é vazada).

FRUTA CRISTALIZADA

INGREDIENTES
1 kg de fruta já preparada
1 kg de açúcar
1 copo de água
açúcar cristal para polvilhar

MODO DE FAZER
1. Lave as frutas.
2. Prepare-as: descasque, corte, tire os caroços etc., se for o caso.
3. Prepare uma calda misturando 1 copo de água e 1 kg de açúcar, levando ao fogo médio. Quando a calda ficar clara e transparente, deixe-a ferver até engrossar.
4. Coloque as frutas preparadas anteriormente, de forma que fiquem cobertas de calda.
5. Leve a fogo brando.
6. Com o auxílio de uma escumadeira, retire a espuma da superfície, à medida que se forma.

7. Quando a calda voltar a ferver, deixe cozinhar por mais 30 minutos.
8. Retire do fogo, deixe esfriar e escorra a calda.

9. Leve a secar ao sol sobre uma peneira de taquara.
10. Quando estiver seco polvilhe com o açúcar cristal.

DOCES DE MASSA

O doce de massa é aquele feito com a polpa de fruta transformada em massa, seja batida no liquidificador ainda crua, seja passada por peneira depois de levemente cozida. O ponto do cozimento também determina dois tipos de doce de massa: o doce em pasta e o doce de cortar.

Faz-se doce em massa, em pasta ou de cortar, de:

ABACAXI maduro, descascado, sem o talo central, ralado

ABRICÓ-DO-PARÁ de vez, descascado, cortado em fatias e batido no liquidificador

ARAÇÁ de vez, cortado ao meio, afervendado, passado por peneira, para ½ kg de massa, 1 kg de açúcar (acrescentar sumo de um limão)

BANANA madura, descascada, amassada

BACURI maduro, apenas as línguas tiradas da casca, batidas no liquidificador (acrescentar sumo de um limão)

CACAU polpa batida

CAJU sem casca, polpa batida

CARAMBOLA madura, sem pele, sem semente, batida no liquidificador

CUPUAÇU polpa batida

FIGO maduro, descascado, batido no liquidificador

GRAVIOLA polpa batida

AS FRUTAS DE JORGE AMADO

GOIABA madura, descascada, sem caroços, afervetada, passada por peneira (a casca aos pedaços pode ser acrescentada à massa do doce de cortar, no final do cozimento, para fazer a goiabada cascão)

JACA bagos batidos no liquidificador sem caroço

JABUTICABA polpa batida no liquidificador com casca e coada

LARANJA casca cortada em quatro, preparada de acordo com explicação da página 166, bem cozida e passada na peneira; para 1 kg de massa, ½ kg de açúcar

MANGA madura, descascada, cortada em fatias, passada no liquidificador e peneirada (acrescentar sumo de um limão)

MANGABA madura, descascada, espremida, para 1 kg de massa de mangaba, ½ kg de açúcar

PÊRA madura, descascada, sem sementes, afervetada e peneirada; para 1 kg de massa, ½ kg de açúcar

PÊSSEGO maduro, descascado, afervetado e peneirado

DOCE DE MASSA

INGREDIENTES
1 kg de fruta já feita em massa
1 kg de açúcar
sumo de um limão (facultativo)

Obs.: Uma variante desta receita é a que mistura diretamente o açúcar à massa de fruta, sem fazer a calda; no mais ela é igual.

MODO DE FAZER
1. Lave as frutas.
2. Prepare-as: descasque, corte, tire os caroços, cozinhe e peneire, ou bata crua no liquidificador.
3. Prepare com o açúcar uma calda grossa.
4. Misture a massa de fruta na calda e o sumo de limão (caso deseje).
5. Leve ao fogo, mexendo sempre com colher de pau.
6. Para o doce em pasta, verifique o ponto desejado durante o cozimento e retire do fogo.
7. Para o doce de cortar, deixe no fogo, mexendo sempre, até que a massa se solte nos lados e, passando a colher de pau, possa se ver o fundo do tacho ou da panela.
8. Coloque a massa em fôrma retangular, ou de sua escolha, para que esfrie e endureça.

GELÉIAS

Na mágica de açúcares e frutas, estas vêm em forma de suco quando o produto que se deseja obter é a geléia fina e transparente. A geléia também pode ser feita com pedaços de frutas ou frutas inteiras — as pequenas —, ou ainda com a casca cortada fininha — os cítricos. Nesta alquimia há um elemento essencial que é a pectina, uma substância existente em maior ou menor quantidade nas frutas, e que ao ser aquecida tem um poder geleificante extraordinário. Ela aparece em quantidades maiores nas frutas maduras, daí a maturidade do fruto ser um fator importante para a confecção das geléias. A presença da pectina é notável nos cítricos, na maçã e no marmelo, e sua maior concentração está na casca e nas sementes. Para fazer geléia com frutas pobres em pectina é necessário acrescentá-la, seja através do suco de uma fruta das que a possuem em quantidade — usa-se preferencialmente o marmelo e a maçã, pois não alteram o perfume da fruta original —, seja colocando na mistura, durante o cozimento, sementes de laranja ou de maçã presas dentro de um saquinho de gaze, que será retirado na metade do cozimento. Eu, pessoalmente, sou fã do sumo de limão, que ao mesmo tempo supre a carência da pectina e realça o gosto das frutas. Como já sugeri antes nos doces em massa, o sumo de um limãozinho sempre ajuda a se obter bons resultados.

Nas geléias com pedaços de frutas devem-se observar os diferentes tempos que as frutas levam para cozinhar, a depender da maciez, da firmeza da polpa, elas podem estar prontas antes da calda; neste caso retire-as para o frasco esterilizado, deixando a calda no fogo o tempo necessário para dar o ponto. O tempo do ponto também vai depender da quantidade de pectina e de acidez de cada fruta; assim deve-se fazer atenção a cada geléia feita, pois aquelas com mais pectina, como a groselha, por exemplo, podem ficar prontas em 10 minutos, enquanto outras levarão 50.

Fazem-se geléias com suco ou polpa de:

abacaxi, abiu, abricó-do-pará, araçá, banana, bacuri, cacau, cajá, caju, carambola, cupuaçu, figo, goiaba, grapefruit, graviola, groselha, jabuticaba, jaca, jambo, laranja, lichi, lima, limão, maçã, mamão, manga, mangaba, mangostão, maracujá, melancia, pêra, pêssego, pitanga, tamarindo, tangerina, umbu e uva.

GELÉIA DE FRUTA

INGREDIENTES
1 l de suco de fruta
1 kg de açúcar
suplemento de pectina, caso necessário (sumo de 1 limão ou de maçã, ou um amarrado de sementes de laranja ou maçã)

MODO DE FAZER
1. Escolha frutas bem maduras.
2. Lave as frutas.
3. Extraia o suco com uma centrífuga, ou passando a polpa no liquidificador e depois peneirando; ou espremendo, no caso das cítricas.
4. Numa panela junte o suco e o açúcar e misture bem com uma colher de pau.
5. Leve a fogo brando para ferver.
6. Tire a espuma que se formar com uma escumadeira.
7. Deixe cozinhar até que, pegando entre os dedos, forme-se um fio que não se parta; isto acontece quando estiver a 103° C no termômetro para medir temperatura de calda — o tempo de cozimento fica entre 30 e 50 minutos, como média.
8. Passe ainda quente para um pote esterilizado.
9. Cubra somente quando já estiver frio.

GELÉIA DE FRUTA COM PEDAÇOS

INGREDIENTES
1 kg de fruta já preparada
1 kg de açúcar
1 copo de água

MODO DE FAZER
1. Lave as frutas.
2. Prepare-as: descasque, corte, tire os caroços (os de laranja e os de maçã podem ser usados para o acréscimo de pectina, como foi explicado) quando for o caso.
3. Prepare uma calda misturando 1 copo de água e 1 kg de açúcar, levando ao fogo médio. Quando a calda ferver coloque as frutas preparadas anteriormente de forma que fiquem cobertas de calda.
4. Aumente o fogo e deixe ferver.
5. Com o auxílio de uma escumadeira, retire a espuma da superfície, à medida que for se formando.
6. Retire do fogo e passe a geléia ainda quente para o frasco esterilizado.
7. Deixe esfriar e feche hermeticamente.

CREMES & MUSSES

Duas sobremesas finas e deliciosas podem ser feitas com frutas: os cremes, que misturam a polpa de fruta e o açúcar com leite e/ou creme fresco e/ou sorvete de creme, e podem ser regadas com caldas, licores ou suco de fruta; e as musses, mais trabalhosas, levam claras em neve e gelatina.

As receitas que ensino aqui são as que faço em minha casa. Outras receitas existem, mais ou menos trabalhadas; as minhas são bem simples, porém com ótimos e garantidos resultados.

CREMES

Meus cremes, eu os faço com leite e creme de leite fresco, açúcar e um pouco de limão, em alguns casos. Não coloco leite condensado, apesar de que ele aparece em muitas receitas, mas para meu gosto é muito doce, por isso evito usá-lo. O sorvete também não entra na minha receita, mas poderia entrar substituindo o creme de leite. Hoje em dia está muito na moda o creme de papaia (papaia batida com sorvete de creme) regada com licor de cassis, é o carro-chefe das sobremesas de muitos restaurantes. Não sei quem inventou essa mistura, mas merece parabéns, é muito boa, já virou até picolé da Kibon.

Fazem-se cremes com polpa de:

abacate, abacaxi, abiu, abricó-do-pará, banana, bacuri, cacau, cajá, condessa, cupuaçu, figo, goiaba, graviola, laranja, lichi, limão, mamão, manga, mangostão, maracujá, pêra, pêssego, pinha, pitanga, sapota, sapoti, uva.

CREME DE FRUTA

INGREDIENTES
polpa de fruta
açúcar a gosto
leite
½ copo de creme de leite fresco
1 folha de gelatina dissolvida em 2 colheres de água (facultativo)

MODO DE FAZER
1. Escolha frutas bem maduras.
2. Lave as frutas.
3. Prepare-as: descasque, corte, tire os caroços, bata cruas no liquidificador.
4. Ainda no liquidificador vá colocando o açúcar e o leite, deixando com consistência firme.
5. Acrescente o creme de leite fresco.
6. Sendo a polpa muito fina, ou o creme feito com o suco, acrescente a gelatina dissolvida em pouca água para dar mais consistência.
7. Coloque um pouco de sumo de limão naquelas frutas que escurecem quando descascadas.
8. Leve à geladeira por algumas horas e sirva bem gelado, regado por licor ou suco de limão ou um *coulis* de fruta fresca.

MUSSES

Passei a fazer musses de fruta a partir da receita do Creme do Homem, de coco com calda de chocolate, descoberta de Norma Sampaio nos anos 60. Sobremesa preferida de muitos personagens, este creme — que é uma musse — se presta a piadas picantes, e é, sobretudo, uma sobremesa muito apreciada. Em minha casa, sempre que fazia um pão-de-ló simples ou um rocambole de laranja (cuja receita está no capítulo Laranja), fazia também o Creme do Homem, para aproveitar as claras. Um dia resolvi variar, e ao invés de misturar leite de coco à receita, misturei a polpa de três maracujás, conservando as sementes, e retirei a cobertura de chocolate: o resultado foi espetacular, uma leveza e um perfume únicos, ao mesmo tempo que um pouco crocante. A partir de então passei a misturar outras polpas e outros sucos, sempre dá certo.

Faz-se musse de fruta com sumo ou polpa de:

ABACATE batido com limão e leite

ABACAXI sumo

ABIU polpa batida crua com o sumo de um limão

ABRICÓ-DO-PARÁ polpa batida crua e peneirada

ARAÇÁ polpa afervendada, passada na peneira

BANANA polpa crua batida com leite e limão

BACURI polpa crua batida com um pouco de água

CACAU polpa crua batida

CAJÁ sumo

CAJU sumo

CARAMBOLA sumo

COCO leite de coco grosso — para o Creme do Homem faça uma cobertura desmanchando 200 g de chocolate meio amargo com 300 ml de creme de leite, em banho-maria, batendo sem parar com um *fouet*

CONDESSA polpa crua batida com leite

CUPUAÇU polpa crua batida

GOIABA polpa aferventada e peneirada

GRAPEFRUIT sumo

GRAVIOLA polpa crua batida

JABUTICABA polpa crua peneirada

LARANJA sumo e raspa da casca

LICHI polpa crua batida

LIMÃO sumo e raspa da casca

MAÇÃ polpa batida com o sumo de um limão

MAMÃO polpa batida com o sumo de um limão

MANGA polpa crua batida e peneirada

MANGABA sumo

MANGOSTÃO polpa crua batida e peneirada

MARACUJÁ polpa batida com um garfo, com ou sem semente

PÊRA polpa batida com o sumo de um limão

PÊSSEGO polpa crua batida e peneirada

PINHA polpa crua batida com leite

PITANGA sumo

SAPOTI polpa crua batida e peneirada

TAMARINDO sumo

TANGERINA sumo

UMBU sumo ou polpa batida com leite

UVA sumo

Observação: A mistura de duas ou mais frutas dá bons resultados; ou a musse com uma fruta coberta por um *coulis* (polpa de fruta diluída com açúcar, passando rapidamente pelo fogo).

MUSSE DE FRUTA

INGREDIENTES
6 claras
1 a 2 copos de sumo ou polpa de fruta já preparada (conforme a fruta)
6 folhas de gelatina branca sem sabor
9 colheres de açúcar

MODO DE FAZER
1. Bata as claras em neve bem firmes.
2. Acrescente o açúcar colher por colher, incorporando bem, cada uma, às claras.
3. Amoleça a gelatina em 2 colheres de água e leve ao fogo para desmanchar, sem deixar ferver.
4. Deixe a gelatina esfriar.
5. Misture o sumo de fruta ou a polpa batida às claras, aos poucos, sem desligar a batedeira.
6. Misture a gelatina já fria e bata ainda um pouco.
7. Coloque numa fôrma, se quiser servir desenformada.
8. Outra opção é transformar a musse num suflê gelado, colocando-a num prato próprio para suflê, que deverá ser preparado com antecedência; fazendo-se uma borda falsa de papel de alumínio, de uns 4 cm, a musse deve ultrapassar a borda original do prato.
9. Leve à geladeira por pelo menos 6 horas (eu gosto de fazer de véspera).
10. Se optou pelo suflê gelado, na hora de servir tire o papel de alumínio de volta do prato.

SORVETES

SORBETS E GLACES

No Brasil chamamos de sorvete indistintamente àqueles que são feitos só de sumo de fruta e aos que levam leite ou creme em sua preparação. Em muitos países existem designações diferentes, distinguindo os dois tipos. Em francês, recebe o nome de *sorbet* o que é de fruta pura, e de *glace* o que leva leite ou creme; em inglês diz-se *sherbert* e *ice cream*.

Nossas frutas propiciam sorvetes divinos, sejam eles com ou sem creme — eu prefiro sem —, perfeitos para o clima quente deste país. Apesar de muito consumido, é mais freqüente sua compra em sorveterias do que a confecção caseira, daí a sorveteira elétrica não ser muito freqüente nas casas brasileiras. É possível fazer sorvete sem a sorveteira, e as receitas a seguir levam isto em consideração.

Ensinando estes sorvetes caseiros, não quero, de jeito nenhum, sugerir a ninguém que deixe de ter o prazer de ir a uma sorveteria. Ao longo deste livro citei algumas, as minhas preferidas, e quero, agora, mais uma vez dizer seus nomes: a Sorveteria da Ribeira, em Salvador; a Mil Frutas, no Rio de Janeiro — muito criativa, inventou misturas sensacionais, que valorizaram ainda mais as frutas, entre elas a minha pitanga preferida —; a Cinelândia, em Aracaju; a Elefantinho, em São Luís; e a Cairu, em Belém do Pará.

Faz-se sorvete com sumo ou polpa de:

abacate, abacaxi, abiu, araçá, abricó-do-pará, banana, bacuri, cacau (polpa e chocolate), cajá, caju, carambola, coco, condessa, cupuaçu, figo, goiaba, grapefruit, graviola, groselha, jabuticaba, jaca, jambo, jenipapo, juçara, laranja, lichi, lima, limão, maçã, mamão, manga, mangaba, mangostão, maracujá, melancia, pêra, pêssego, pinha, pitanga, sapota, sapoti, tâmara, tamarindo, tangerina, umbu e uva.

Começou ali, no bar do parque de diversões, onde os avós bebiam guaraná, as crianças devoravam sorvetes e Manuela tomava um refresco de abacaxi entre olhadelas lançadas a susto para Paulo, sentado numa mesa adiante.

(Os ásperos tempos, em
Os subterrâneos da liberdade)

Depois o levaram a tomar sorvete no bar que havia em frente ao cinema. O Sem-Pernas, enquanto tomava seu gelado, pensava em que ia cometendo uma irremediável tolice quando o advogado perguntara o que ele queria. Estivera para pedir uma cerveja geladinha.

(Capitães da areia)

SORVETE MUITO SIMPLES DE FRUTA

INGREDIENTES
½ l de sumo ou polpa peneirada de fruta
200 g de açúcar (ou a gosto)

MODO DE FAZER
1. Misture o sumo de fruta com o açúcar, até que este dissolva inteiramente.
2. Coloque numa cuba de gelo e leve ao congelador.
3. Quando começar a gelar, tire e bata com um garfo ou no liquidificador. Leve outra vez para gelar.
4. Repita esta operação várias vezes, até que ele fique com boa consistência.
5. Guarde no congelador e bata ainda uma vez antes de servir.

SORVETE DE FRUTA, FEITO COM AÇÚCAR

INGREDIENTES
½ l de sumo ou polpa peneirada de fruta
200 g de açúcar (ou a gosto)
2 claras em neve

MODO DE FAZER
1. Misture o sumo ou a polpa de fruta com o açúcar, até que este dissolva inteiramente.
2. Coloque numa cuba de gelo e leve ao congelador.

3. Quando começar a gelar, tire e bata com um garfo ou no liquidificador. Leve outra vez para gelar.
4. Repita esta operação cinco vezes.
5. Bata duas claras em neve bem firme e incorpore-as ao sorvete na quinta vez que bater o sorvete.
6. Leve novamente ao congelador por pelo menos uma hora, antes de servir.

SORVETE DE FRUTA, FEITO COM CALDA

INGREDIENTES
½ l de sumo ou polpa peneirada de fruta
300 g de açúcar
2 claras em neve

MODO DE FAZER
1. Faça uma calda rala com a água e o açúcar (5 minutos no fogo), deixe esfriar.
2. Misture o sumo ou a polpa de fruta com a calda.
3. Coloque numa cuba de gelo e leve ao congelador.
4. Quando começar a gelar, tire e bata com um garfo ou no liquidificador. Leve outra vez para gelar.
5. Repita esta operação cinco vezes.
6. Bata duas claras em neve bem firme e incorpore-as ao sorvete na quinta vez que bater o sorvete.
7. Leve novamente ao congelador por pelo menos uma hora, antes de servir.

SORVETE CREMOSO DE FRUTA

INGREDIENTES
¼ l de água
½ l de sumo ou polpa peneirada de fruta
400 g de açúcar
¼ l de creme de leite fresco
sumo de ½ limão (facultativo)

MODO DE FAZER
1. Faça uma calda rala de açúcar (5 minutos no fogo), deixe esfriar.
2. Misture o sumo ou a polpa de fruta com a calda.
3. Junte o creme de leite e bata bem.
4. Coloque numa cuba de gelo e leve ao congelador.
5. Quando começar a gelar, tire e bata com um garfo ou no liquidificador. Leve outra vez para gelar.
6. Repita esta operação várias vezes.
7. Guarde no congelador.

SALADAS DE FRUTAS

SALGADAS E DOCES

É comum a utilização de frutas em saladas salgadas. Abacates, maçãs, abacaxis, peras, mangas e laranjas dão mais vida às verduras e legumes que acompanham, e recebem com alegria o azeite e o vinagre, o sal e a pimenta moída. Não existem regras precisas, mas muitas receitas são elaboradas tendo frutas como elemento importante. Se você nunca experimentou colocar um gostinho doce em sua salada salgada, aí vai uma sugestão: na próxima que fizer misture um pouco da fruta que tiver em casa: se for banana, corte-a em rodelas; se for laranja descasque-a tirando a pele branca, e corte também em rodelas; quadradinhos de maçã ou de mamão ou de pêra também ficarão ótimos. Nos capítulos sobre pêra e uva eu ensino como preparar saladas salgadas com essas frutas.

São infinitas as possibilidades de combinação para se fazer uma salada de frutas doce, a imaginação das mestras cozinheiras encontra, neste setor, campo fértil, sempre aberto a uma novidade. As saladas podem ser feitas com as frutas inteiras ou cortadas em grandes ou pequenos pedaços, em cubos ou rodelas, com ou sem casca; pode-se também alterar a variedade das frutas, saladas menos dispendiosas — aquelas que misturam tudo que se tem em casa no momento — até as sofisticadas — como a de laranja em rodelas finas, regada a Grand Marnier, coberta por casca de laranja cortada fininha e misturada com crocante de caramelo. Elas permitem decorações incríveis, destacando-se para isso o uso de estrelas de carambola, rodelas de kiwi, pitangas inteiras, ou a escolha de frutas de uma mesma cor, com variação de tons. Uma salada de frutas pode ser bem molhada, acrescentando-se a ela sumo de uma ou mais frutas — o maracujá, por exemplo, fica excelente colocando-se também as sementes, dá uma sensação de crocante ótima. Se as frutas não estiverem muito doces, a salada pode ser adoçada com açúcar ou mel, ou com licores variados. Outras bebidas e aromatizantes naturais também são usados para perfumar o prato; freqüentes são o vinho do Porto e conhaque, folhas de hortelã frescas, gengibre ralado, canela em pó e mesmo pimenta-rosa, moída na hora. Fica uma delícia misturar passas de frutas às frutas frescas; neste caso colocam-se as passas para inchar na água, em vinho ou em conhaque, antes de misturá-las à salada. Aí estão algumas dicas para incrementar a sua salada de frutas.

A salada de frutas como eu mais gosto atende não somente à minha gula, mas também ao meu olfato e à minha visão. Para executá-la basta ter um pouco de tempo e de paciência.

MINHA SALADA DE FRUTAS PREFERIDA

INGREDIENTES
2 laranjas-da-baía
2 tangerinas bem perfumadas
1 cacho médio de uva-itália
1 maçã nacional
1 pêra bem madura
sumo de 1 limão
1 manga-rosa
2 bananas-prata
3 bananas-ouro
½ abacaxi
1 maracujá
1 colher de açúcar
2 carambolas amarelas
½ xícara de uva passa sem caroço
1 cálice generoso de *grappa* Nonino

MODO DE FAZER
1. Coloque as passas numa tigela, regue com a *grappa* e deixe macerar por pelo menos 2 horas.
2. Descasque as laranjas retirando também a pele branca e as sementes, corte-as em rodelas e depois em quatro — ficam uns triângulos com um lado arredondado.
3. Descasque as tangerinas, abra em gomos, tire as sementes e a pele de cada gomo.
4. Descasque os bagos de uva, corte ao meio e retire as sementes.
5. Descasque a maçã e a pêra, tire as sementes, corte em cubinhos pequenos e regue com o sumo de limão.
6. Descasque a manga-rosa, corte em fatias finas e depois em tiras, sem que fiquem compridas.
7. Descasque e corte as bananas-prata e as bananas-ouro em rodelas.
8. Descasque um abacaxi bem maduro, tire os picões laterais e o miolo central, corte metade dele em cubinhos.
9. Corte um maracujá ao meio, retire sua polpa, passe para um copo, junte o açúcar

e bata com um garfo para que o açúcar dissolva e a polpa se separe das sementes.
10. Corte as carambolas em estrelas, retire as sementes.
11. Junte todas as frutas já preparadas (menos as carambolas), as passas e a *grappa* numa mesma saladeira, e mexa com cuidado, de forma que se misturem sem se desmancharem.
12. Por cima arrume as estrelas de carambola.
13. Leve à geladeira por pelo menos ½ hora.
14. Sirva bem fresquinha.

A CASA DAS FRUTAS
Um último caso para arrematar

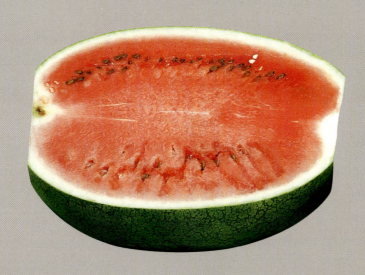

Os amigos Jorge Amado e Mirabeau Sampaio, conduzidos por Edgard Rogaciano Ferreira — que foi chaufer de Mirabeau por mais de trinta anos, dez dos quais Mirabeau não teve carro —, saíram pela Barra procurando a Casa das Frutas. Naqueles anos 60 era difícil encontrar variedades de legumes e verduras em Salvador, limitando-se a oferta aos quiabos, chuchus, maxixes, jilós e jerimuns habituais. Zélia Gattai e Carybé, ambos de origem italiana, sonhavam com alcachofras, berinjelas, abobrinhas, boas folhas fresquinhas de alface, rúcula e agrião. As saudades invadiam também a seara das frutas, apesar da fartura das nordestinas encontradas na feira de Água de Meninos e na rampa do Mercado, a vontade de comer morangos, caquis, figos e uvas — naquele tempo ainda não se tinha a uva-itália do São Francisco — deixava a todos de antenas ligadas para as notícias de recém-aberto armazém ou mercadinho em que se pudesse comprar *novidades*. Pois a Casa das Frutas vinha de ser inaugurada e já corria a notícia pela cidade: era cheinha de frutas e legumes *estrangeiros*, muito frescos e bonitos! Os amigos Jorge e Mirabeau também tinham ouvido falar dela, mas não sabiam o endereço exato — tinham apenas a indicação de ser próximo ao Alameda, na Barra —, por isso disseram a Edgard, ao passar pelo ponto de táxi do Alameda, que parasse o carro e fosse perguntar aos motoristas onde ficava a Casa das Frutas. Edgard foi e voltou meio cabisbaixo: "Olha, doutor, o pessoal ali disse que nunca ouviu falar não, senhor…".

E ia continuar se explicando, quando Jorge olha em sua frente e vê a placa: CASA DAS FRUTAS: "Esses motoristas estão por fora, Edgard, olha ali em frente, bem no nosso nariz, só um cego não vê!".

E para lá se tocaram, encontraram mil frutas e legumes — a casa era boa mesmo —, fizeram a festa, e depois ainda telefonaram para Carybé para meter inveja.

 A história morreria aí, meio sem graça, não fosse Edgard ter contado a Tutu — Arthur Sampaio, filho de Mirabeau — a conversa dele no ponto de táxi. Acontece que ele tinha ouvido mal, entendera *putas* no lugar de *frutas*, e foi um "Vocês sabem, meus camaradas, onde fica por aqui um castelo de putas?" que ele perguntou ao pessoal dos táxis. Eles não sabiam, e como Edgard insistisse — seu patrão afirmara que havia um —, eles apontaram um prédio das imediações onde diziam ter "umas francesas que facilitam". Quando Edgard despediu-se, eles lhe pediram: "Caso você descubra as putas, não esqueça de avisar pra gente". Logo em seguida lhe foi mostrada a placa, era verdade: "só um cego não via", mas o problema não era de cegueira, era de surdez!

Agradeço aos primos Bernardo e Paulo Guimarães pelo paparico nas viagens ao Baixo Sul. A dona Canô Velloso, que sempre me recebe a velas de libra em Santo Amaro e é "minha top-model". A Célia Aguiar, que me acompanhou em todas estas viagens frutíferas e ajudou na edição das fotos. A Déco, o verdadeiro dono do "nosso" jipão. A Jenivaldo Araújo dos Santos (Val) pela força no estúdio. A Leobino, dona Gilda e Van, cicerones na Fazenda São João, do meu adorado irmão Tutu. A dr. Luciano Libório (e ao administrador seu Carlinhos), que até as botas me emprestou para as andanças nas roças de cacau. A Mãe Clarita, incánsavel e indomável no nosso jipão cheio de cintos de segurança. Aos compadres Norma e Juca Almeida Rosa vindo me buscar na porta para ir fotografar em sua fazenda. A Paloma pela grande alegria ao me convidar para esta parceria, pela volta à adolescência — risadas descascando frutas no estúdio, almoços e jantares para fotografar ou para projetar slides, ler originais... uma parceria retada. A Sylvia Athayde — onde foi achar as tâmaras frescas?, uma delícia. A Tutu (Arthur Guimarães Sampaio) pela Fazenda São João e muito mais. A Zélia e Jorge Amado por tudo, pela linda amizade com meu pai e minhã mãe, pela sessão de fotos embaixo do jambeiro.

Maria Sampaio

BIBLIOGRAFIA

Bonnassieux, Marie-Pierre. *Tous les fruits comestibles du monde.* Paris, Bordas, 1988.
Chaloub, Sylvia Rezende. *Receitas e dietas balanceadas de emagrecimento.* Rio de Janeiro, Tridente, 1970.
Chantre, Maria de Lourdes. *Cozinha de Cabo Verde.* Lisboa, Editorial Presença, 1989.
Correa, M. Pio. *Dicionário das Plantas Úteis do Brasil.* Rio de Janeiro, Ministério da Agricultura, 1931.
Courtine, Robert J. (dir.). *Larousse Gastronomique.* Paris, Larousse, 1984.
Eléxpuru, Inés. *La cocina de Al-Andalus.* Madri, Alianza Editorial, 1994.
Godar, Odile. *Les soupers de Schéhérazade.* Paris, Actes Sud, 1990.
Gonsalves, Paulo Eiró. *Livro dos alimentos.* São Paulo, Martins Fontes, 1992.
Guierre, Georges. *Petite Encyclopédie des Fruits.* Paris, Le Courrier du Livre, 1975.
Marie-France et Sinimale, Ivrin. *Le grand livre de la cuisine réunionnaise.* Sain Denis, Editions Gérard Doyen, 1984.
Moucheron, Armelle de. *L'art des bonne confitures.* Le Grand Livre du Mois, 1990.
Noel, Anne. *Tableaux des calories.* Colmar, Editions S.A.E.P., 1988.
Pijpers, Dick, Constant, Jac. G. e Jansen, Kees. *The complet book of fruit.* Nova York, Gallery Books, 1987.
Roy-Camille, Christiane e Marie, Annick. *Les meilleures recettes de la cuisine antillaise.* Éditions Gamma, 1989.
Samir Hobeica, Mona. *Cozinha libanesa, uma arte milenar.* Rio de Janeiro, Editora Nova Fronteira, 1988.
Santos, Eurico. *Manual do lavrador brasileiro.* Rio de Janeiro, F. Briguiet & Cia. Editores, 1957.

ÍNDICE DE RECEITAS

A
ABACATE COM MEL DE CANA, 59
B
BATIDA DE FRUTA, 156
BEIGNET DE GRAVIOLA, 71
BIFES DE VITELA COM GOIABA, 69
BOLO DE BANANA DA JURACI, 46
C
CAIPIRINHA & 'ROSCA, 158
CARIL AOS TRÊS CAJUS, 57
CHARLOTE DE PITANGA, 107
CHUTNEY DE MANGA DA JORACI, 95
COCADA-PUXA, 60
CREME DE ABACATE, 33
CREME DE FRUTA, 179
CREME DO HOMEM, 63
D
DOCE CRU DE ABRICÓ-DO-PARÁ, 122
DOCE DE CAJARANA DA ILHA DA REUNIÃO, 54
DOCE DE LIMÃOZINHO DO PIAUÍ, 88
DOCE DE MANGABA, 98
DOCE DE MASSA, 174
DOCE EM CALDA FINA, 169
DOCE EM CALDA GROSSA, 170
F
FAROFA DE COCO INDONÉSIA, 64
FIGOS AGRIDOCES, 132
FRIGIDEIRA DE MAMÃO VERDE, 91
FRUTA CRISTALIZADA, 171
G
GELATINA DE BACURI DA NAZARETH, 124
GELÉIA DE FRUTA, 176
GELÉIA DE FRUTAS COM PEDAÇOS, 177
GOMOS DE TANGERINAS ESPELHADOS, 113
GUACAMOLE À MANEIRA DE ZÉLIA GATTAI, 34
J
JENIPAPADA, 81
K
KIR ROYAL DE JABUTICABA, 75
L
LICOR DE FRUTA, 160
M
MAAMOUL COM TÂMARAS, 147
MINHA SALADA DE FRUTAS PREDILETA, 187
MUSSE DE FRUTA, 182
P
PANQUECAS CHINESAS COM LICHI, 136
PINHA AO RUM, 105
PIO IX DE ARAÇÁ, 42
PUDIM DE MARACUJÁ DE DONA TERESA, 100
PUDIM DE SAPOTI, 109
R
ROCAMBOLE DE LARANJA À MINHA MANEIRA, 84
S
SALADA DE CAMARÃO COM MAÇÃ À MINHA MANEIRA, 138
SALADA DE CENOURAS COM PASSAS, 150
SALADA VERDE COM PÊRA E PARMESÃO, 142
SORBET DE GRAPEFRUIT E CAMPARI, 134
SORBET DE MANGOSTÃO COM CHAMPANHE, 140
SORVETE CREMOSO DE FRUTA, 185
SORVETE DE FRUTA, FEITO COM AÇÚCAR, 184
SORVETE DE FRUTA, FEITO COM CALDA, 185
SORVETE MUITO SIMPLES DE FRUTA, 184
SUFLÊ DE FRUTA-PÃO, 67
SUFLÊ GELADO DE CHOCOLATE, 49
SUFLÊ GELADO DE PÊSSEGO, 144
V
VITAMINA DE FRUTA, 164

ÍNDICE DE LIVROS E PERSONAGENS

A
ABELARDO GALVÃO, PADRE, 21, 51
ADALGISA, 63, 158
ADRIANA, 19, 95
AGNALDO SAMPAIO PEREIRA, CORONEL, 138
AÍDA, DONA, 80
AMINTHAS, 84
ANASTÁCIA, 100
ANDREZA, 21
ANTÔNIO BALDUÍNO, 16, 64
ANTÔNIO BARRIGUINHA, 49
APOLINÁRIO, 143, 144
ASCÂNIO, 62
"ÁSPEROS TEMPOS, OS", 143, 144, 184
AURICÍDIA, DONA, 17

B
BALBINA, 84
BERNABÓ, SEU, 19
BOA-VIDA, 84
BOAVENTURA ANDRADE, CORONEL, 34
BONAPARTE, 42

C
CACAU, 43, 45, 47, 49, 55, 58, 59, 63, 64, 76, 77, 93, 101, 102
CAETANO GUNZÁ, 88
CAPITÃES DA AREIA, 16, 58, 63, 83, 84, 87, 184
CAPITÃO DE LONGO CURSO, O, 18, 35, 38, 39, 40, 51, 53, 54, 55, 63, 68, 80, 82, 83, 84, 87, 93, 97, 106, 108, 114, 137, 141, 149
CAPITÃO, 69
CARMOSINA, DONA, 84
CECÍLIA, 150
CHICO MEIA-SOLA, 82
CHICO PACHECO, 82
CIGANO, 88
CLOTILDE, 38, 39
COMIDA BAIANA DE JORGE AMADO OU O LIVRO DE COZINHA DE PEDRO ARCHANJO COM AS MERENDAS DE DONA FLOR, A, 9
COTINHA, 20, 80, 81
CURIÓ, 18, 19, 23, 24, 25, 26, 27, 28, 77, 138

D
DAMIANA, 56
DAMIÃO, 45
DANIEL, 164
DANILO, 67
DEOLINO, 156
DESCOBERTA DA AMÉRICA PELOS TURCOS, A, 21
DONA FLOR E SEUS DOIS MARIDOS, 19, 35, 47, 51, 63, 72, 73, 80, 83, 86, 87, 88, 93, 108, 109, 112, 114, 162
DONA FLOR, 19, 47, 73, 80, 86, 88, 109, 119, 139
DONDOCA, 141

E
ELISA, 42, 69, 165
EMILIANO, DOUTOR, 119
EPIFÂNIA, 81

F
FADUL ABDALA, 20, 45, 51, 55, 146, 147
FARDA FARDÃO CAMISOLA DE DORMIR, 20, 35, 83, 129, 137, 138, 141, 143, 149, 150
FELÍCIA, 17
FELIPE, 69
FLORZINHA, 80, 100
FRANCELINO ALMEIDA, 129, 138
FRANCISCO, 84, 16, 35
FUAD, 52

G
GABRIELA, CRAVO E CANELA, 18, 35, 40, 43, 47, 49, 63, 68, 69, 76, 80, 83, 87, 90, 91, 93, 95, 99, 100, 106, 107, 160
GABRIELA, 18, 68, 69, 106
GUMA, 16, 35

H
HÉLIO COLOMBO, DOUTOR, 40, 42
HISTOIRE GÉNÉRALE DES ANTILLES HABITÉES PAR LES FRANÇAIS, 35

I
IBRAHIM JAFET, 147
ISABEL TEREZA GONÇALVES MARTINS DE ARAÚJO E PINHO, 160

J
JAMIL BICHARA, 146, 147

JANUÁRIO GEREBA, 59, 88
JESSÉ, DOUTOR, 17, 34
JOANA DAS FOLHAS (OU FRANÇA), 105
JOÃO, 113
JOÃO AMARO, 102
JUBIABÁ, 16, 35, 37, 43, 47, 55, 58, 63, 64, 68, 80, 83, 87, 101, 102, 108, 109, 112
JUCUNDINA, 59

L
LAURA, DONA, 107
LEONORA, 20, 40, 42, 71, 80, 98, 105, 107
LIBÓRIO DAS NEVES, 59, 95
LÍDIO, 64
LISANDRO, 129, 138
LUCAS ARVOREDO, 17, 143, 144
LUDMILA GREGORIOVNA CYTKYNBAUM, 47
LUÍSA, 16
LUIZ BATISTA, 37
LULU SANTOS, 59

M
MANELA, 21, 88
MANUAL DO LAVRADOR BRASILEIRO, 140
MANUEL, MESTRE, 16, 21, 35, 36, 37, 109
MAR MORTO, 16, 35, 63, 83, 84, 87, 108
MARCOS LEMOS, 144
MARCOS, 113
MARGARIDA, SINHÁ, 59
MARIA CLARA, 16, 21, 35, 36
MARIA PIA, 58
MARIALVA, 24, 25, 26, 27, 28
MARIANA, 18, 36
MARILDA, 72
MARTIM, CABO, 18, 23, 24, 25, 26, 27, 28
MAXIMILIANO VON GRUDEN, DOM, 21, 91, 116
MENINO GRAPIÚNA, O, 13
MILU, DONA, 69, 84
MIRANDÃO, 88, 109
MIRO, 21, 88
MODESTO PIRES, 107

MORAES, IRMÃS, 19, 80, 165, 166
MORTE E A MORTE DE QUINCAS BERRO DÁGUA, A, 13, 18

N
NACIB SAAD, 100, 146, 147, 159, 160
NANCY, DONA, 19
NATÁRIO, CAPITÃO, 20, 33, 55, 165
NOCA, 59

O
OFENÍSIA, 69
ORESTES RISTORI, 18, 36

P
PAÍS DO CARNAVAL, O, 15
PASTORES DA NOITE, OS, 18, 28, 35, 43, 47, 58, 76, 77, 80, 83, 87, 106, 137, 138, 141
PATRÍCIA, 143
PAULO, 184
PEDRO ARCHANJO, 19, 47, 58
PEDRO BALA, 84
PERPÉTUA, 20

Q
QUINQUINA, 80

R
RADUAM MURAD, 147
REGI, DONA, 156
ROSA DE OXALÁ, 47
ROSALVO LICENA, DOUTOR, 134
RUTH, 149

S
SABENÇA, 150
SÃO JORGE DOS ILHÉUS, 17, 43, 47, 49, 101
SEARA VERMELHA, 17, 43, 47, 58, 59, 90, 101, 143, 144
SEM-PERNAS, 16, 184
SILVIO, 88
SUBTERRÂNEOS DA LIBERDADE, OS, 17, 35, 36, 112, 113, 143, 144, 184
SUMIÇO DA SANTA, O, 20, 35, 36, 43, 47, 51, 53, 55, 57, 58, 61, 63, 65, 67, 68, 70, 76, 78, 82, 87, 88, 90, 91, 93, 97, 99, 101, 106, 108, 109, 112, 114, 116, 141, 142, 143, 156, 158, 161
SUOR, 16

T
TADEU, 160
TENDA DOS MILAGRES, 19, 35, 37, 47, 58, 63, 64, 87, 160
TEODORO MADUREIRA, DOUTOR, 19, 139
TERESA, 17
TEREZA BATISTA CANSADA DE GUERRA, 19, 33, 35, 40, 43, 47, 51, 55, 58, 59, 61, 63, 68, 69, 72, 76, 80, 82, 83, 87, 88, 93, 95, 97, 98, 99, 105, 106, 107, 112, 113, 114, 116, 144, 164, 165, 166
TEREZA BATISTA, 19, 59, 68, 69, 98, 106, 107, 113, 119, 143, 144
TERRAS DO SEM FIM, 17, 33, 34, 43, 45, 47, 76
TIETA DO AGRESTE, 19, 40, 42, 43, 47, 51, 52, 53, 55, 57, 58, 61, 62, 63, 65, 67, 68, 69, 70, 71, 72, 76, 80, 81, 83, 84, 87, 90, 93, 97, 98, 101, 103, 105, 106, 107, 108, 114, 133, 134, 160
TIETA, 20, 40, 52, 67, 68, 80, 81, 98, 105, 165
TOCAIA GRANDE, 20, 31, 33, 34, 40, 43, 45, 47, 51, 52, 55, 56, 58, 61, 63, 65, 67, 68, 70, 71, 72, 76, 77, 78, 80, 81, 83, 87, 90, 93, 95, 97, 98, 99, 100, 103, 106, 112, 114, 146, 147, 149, 165
TONICO BORGES, 17, 34

V
VADINHO, 88
VASCO MOSCOSO DE ARAGÃO, 18, 38, 82, 83, 119
VENTURINHA, 47, 56
VILAR, 156

W
WALDOMIRO MOREIRA, GENERAL, 129, 150

Z
ZABELA, 47, 160
ZEBEDEU, 64
ZEZÉ CATARINO, DOUTOR, 156
ZILDA, 20, 33, 34, 55, 80, 100, 165

ÍNDICE DE PESSOAS E LUGARES

A
ACADEMIA DA CACHAÇA, 156
ÁFRICA, 121
AGRESTE, 42
ÁGUA DE MENINOS, 16, 35, 102, 137, 191
ALFRED KNOPF, 58
ALGARVE, 131
ALTO DAS POMBAS, 56
AMADO, FAMÍLIA, 78, 108, 146
AMAZÔNIA, 119
AMÉRICA CENTRAL, 33
ANA LÚCIA NIEMEYER, 11
ANGELINA GATTAI, 93, 95, 146
ANGOLA, 51, 61
ANTILHAS, 33, 35, 80, 99
ARACAJU, 59, 95, 97, 108, 183
ARTHUR SAMPAIO, 14, 192, 193
ÁSIA, 101
AURÉLIO SODRÉ, 56, 58, 65, 59, 76
AUTA ROSA, 11

B
BAHIA, 9, 16, 21, 31, 45, 56, 59, 65, 68, 76, 78, 86, 90, 93, 110, 121, 141, 153, 159
BAHIA DE TODOS OS SANTOS, 16, 36
BALBINA ALVES, 11
BAR DO DEOLINO, 110, 111, 156
BARRA, 191
BARRA DA TIJUCA, 156
BELÉM, 119, 183
BERNARDO GUIMARÃES, 193
BIRMÂNIA, 63, 139
BOA VIAGEM, 39
BRASIL, 33, 43, 49, 51, 58, 61, 63, 70, 72, 80, 90, 93, 112, 119, 121, 137, 141, 143, 146, 149, 155, 161, 183
BRASÍLIA, 139, 146

C
CABO FRIO, 36
CABO VERDE, 59, 121
CACHOEIRA, 35
CAETANO VELOSO, 157
CALASANS NETO, 11
CAMPO MAIOR, 126
CANÔ VELLOSO, 14, 36, 72, 82, 83, 193
CARLA, 101, 102
CARLINHOS, 193
CARYBÉ, 191, 192
CASA DAS FRUTAS, 191
CEARÁ, 59
CECÍLIA AMADO COSTA, 11, 83, 101, 139
CÉLIA AGUIAR, 11, 193
CHICO ANDRADE, 97
CHINA, 61, 101, 135
CLARA VELLOSO, 65
CLARITA, 193
CLÁUDIA LOUREIRO, 43

COLÉGIO DE APLICAÇÃO, 53, 110
COMANDATUBA, 14
CONVENTO DA LAPA, 19, 72, 73, 159
COOKE, 61
COSTA, FAMÍLIA, 45

D
D. BOIS, 140
DADÁ, 56, 67, 90, 157
DAVID ARAÚJO, 64
DÉCO, 193
DESTERRO, 73
DJAVAN, 126
DÓRIS LOUREIRO, 43
DORIVAL CAYMMI, 58

E
EDGARD ROGACIANO FERREIRA, 191, 192
EDUARDO LAGO, 11, 14
EDUARDO PORTELLA, 11
ERNESTO GATTAI, 74, 146
ESPANHA, 11, 143, 149
ESPÍRITO SANTO, 65
EUGÊNIO GATTAI, 112
EULÁLIA LEAL AMADO, 86, 93, 101, 137, 146
EURICO SANTOS, 140
EUROPA, 33, 135, 137, 141

F
FAROL DA BARRA, 156
FAZENDA SÃO JOÃO, 193

O LIVRO DE DELÍCIAS DE FADUL ABDALA

FLAMENGO, 65
FLORENÇA, 146
FRANÇA, 44, 59

G
GILDA, 193
GUADELUPE, 99
GUATEMALA, 108

H
HERBERTO SALLES, 95
HOLANDA, 146
HONG KONG, 84

I
ICONHA, 65
IEDO SALDANHA, 103
IGREJA DO BOMFIM, 21
ILHA DA REUNIÃO, 54, 68
ILHÉUS, 18, 49, 103, 137
ÍNDIA, 61, 70, 93
ISAÍAS COSTA, 76, 77
ISRAEL, 33
ITÁLIA, 112
ITAPARICA, 16, 31, 35, 106, 109
ITAPUÃ, 56

J
JADELSON ANDRADE, 43
JAVA, 61
JENIVALDO ARAÚJO DOS SANTOS (VAL), 193
JOÃO AMADO DE FARIA, 76, 101, 137, 146
JOÃO JORGE AMADO, 101, 137, 141
JORACI SALLES, 95
JORGE A. NETO, 78
JORGE AMADO, 9, 11, 13, 14, 15, 17, 18, 31, 40, 43, 47, 55, 58, 68, 76, 77, 80, 82, 86, 93, 99, 101, 103, 110, 119, 131, 132, 133, 135, 139, 141, 143, 146, 149, 153, 161, 191, 193
JOSÉ SARNEY, 139
JUAZEIRO, 17
JUCA ALMEIDA ROSA, 193
JURACI NERCY, 11, 45

L
LALU, *VER* EULÁLIA LEAL AMADO
LARGO DA MARIQUITA, 110, 156
LEBLON, 156
LEOBINO, 193
LÍBANO, 20
LUCIANO LIBÓRIO, 193

M
MACIEIRA, FAMÍLIA, 139
MALDIVAS, 61
MANHATTAN, 99
MARANHÃO, 14, 38, 100, 103, 119, 121, 123
MÁRCIO AMARAL, 11, 110, 111
MARIA BETHÂNIA, 83
MARIA SAMPAIO, 11, 14, 193
MARIA TORNAGHI, 11
MARIA VESTA, 40
MARIANA, 97
MARIANA AMADO COSTA, 11, 83, 139, 149
MARLY SARNEY, 139
MAURÍCIO DE NASSAU, 146
MERCADO MODELO, 16, 37, 156, 191
MÉXICO, 33, 80, 108
MIL FRUTAS, 183
MIRABEAU SAMPAIO, 11, 90, 191, 192
MISETTE NADREAU, 11, 33
MOLUCAS, 61

N
NAZARETH COSTA, 123, 126, 139
NORDESTE, 31, 51, 63, 70, 121, 149
NORMA ALMEIDA ROSA, 193
NORMA SAMPAIO, 11, 58, 90, 137, 180
NORTE, 36, 51, 70, 103, 119, 121, 126
NOVA YORK, 99

O
ODYLO COSTA, 126, 135, 139
OKAWA, FAMÍLIA, 140
ORIENTE, 52

P
PABLO NERUDA, 139
PALOMA AMADO, 193
PARÁ, 11, 14, 125, 139
PARIS, 133, 139, 141
PAUL GERMAIN, 61
PAULA LOUREIRO, 43
PAULO AFONSO, 58, 59
PAULO GUIMARÃES, 193
PAULO LOUREIRO, 43, 44
PEDRA DO SAL, 103
PEDRO COSTA, 139
PELOURINHO, 16, 56
PENA NEGRA, 131
PERINI, 140
PERIPERI, 82, 83, 106
PERNAMBUCO, 43, 44, 45
PÉRSIA, 143
PERU, 45
PETRÓPOLIS, 44, 135
PIAUÍ, 87, 119, 126, 135
PIO CORREA, 80, 125
PIRANGI, 49
POLI SUCOS, 161
PORTUGAL, 11, 131
PRAÇA DA MATRIZ, 113

R
R. P. DUTERTE, 35
RANGOON, 139
RECIFE, 18, 38, 39
RECÔNCAVO, 14, 16, 31, 36
REGIÃO AMAZÔNICA, 123, 125
RIBAS, 53, 54
RIO DE JANEIRO, 13, 44, 65, 70, 101, 123, 133, 137, 156, 161, 183
RIO VERMELHO, 43, 45, 51, 76, 78, 86, 93, 102, 106, 108, 110, 156
ROBERTO DUARTE, 53
ROCIO, 126
RODRIGO VELLOSO, 157
ROMA, 149
RUTH STEINER, 11, 14, 125

S

SAGRES, 131
SALVADOR, 14, 16, 20, 56, 58, 59, 80, 86, 119, 135, 156, 183, 191
SANTIAGO DE COMPOSTELA, 141
SANTO AMARO DA PURIFICAÇÃO, 21, 35, 36, 193
SÃO CRISTÓVÃO, 40, 55, 81
SÃO LUÍS, 14, 38, 103, 183
SÃO PAULO, 17, 68, 74
SERGIPE, 40, 55, 81, 95, 108
SERTÃO, 114
SICÍLIA, 83
SIMÃO COSTA, 140
SORVETERIA CAIRU, 183
SORVETERIA CINELÂNDIA, 183
SORVETERIA DA RIBEIRA, 106, 183
SORVETERIA ELEFANTINHO, 183
SRI LANKA, 61
SUL, 72, 103, 126, 149
SUL DA BAHIA, 15, 21, 43, 47, 58, 140
SYLVIA ATHAYDE, 193

T

TERESA COSTA, 110
TERESINA, 87
TEREZA MURAD, 14, 38, 100
TURU, 123
TUTU, *VER* ARTHUR SAMPAIO

U

UNA, 14, 140

V

VALE DO SÃO FRANCISCO, 149, 191
VAN, 193
VÊNETO, 146
VERA GATTAI LIMA, 112
VIETNÃ, 61
VIGIA, 139
VIGO, 141
VINICIUS DE MORAES, 13

W

WANDA GATTAI LIMA, 112
WILSON LINS, 114

Z

ZÉLIA GATTAI, 11, 14, 40, 51, 56, 58, 74, 80, 86, 93, 95, 99, 101, 103, 112, 133, 135, 139, 141, 146, 191, 193
ZUCA, 43, 44, 135

ÍNDICE DE FRUTAS E INGREDIENTES

A
ABACATE, 11, 17, 20, 31, 33-4, 59, 107, 163, 179, 180, 183, 186
ABACAXI, 11, 16, 17, 18, 19, 20, 21, 31, 35-7, 39, 78, 84, 95, 100, 102, 105, 156, 157, 159, 161, 163, 166, 167, 173, 176, 179, 180, 183, 184, 186, 187
ABARÁ, 45
ABIU, 11, 14, 38-9, 136, 156, 157, 159, 161, 163, 167, 176, 179, 180, 183
ABRICÓ-DO-PARÁ, 11, 14, 119, 121-2, 156, 157, 159, 161, 163, 167, 173, 176, 179, 180, 183
AÇAÇÁ, 45
AÇAFRÃO, 64, 150
AÇAÍ, *VER* JUÇARA
ÁGUA DE FLOR DE LARANJEIRA, 147
ALFACE CARVALHO ROXO, 142
ALFACE PAULISTA, 142
ALHO, 37, 57, 91, 150
AMEIXA, 11
AMENDOIM, 15, 55, 57, 113
ARAÇÁ, 19, 20, 31, 39, 40, 42, 62, 72, 105, 159, 163, 165, 166, 167, 173, 176, 180, 183
ARATICUM-DO-GRANDE, *VER* GRAVIOLA
ATA, *VER* PINHA
AZEITE-DE-DENDÊ, 37

AZEITE DE OLIVA, 37, 57, 91, 138, 142, 150

B
BACURI, 14, 119, 123-4, 156, 157, 159, 161, 163, 167, 173, 176, 179, 180, 183
BANANA, 15, 16, 17, 19, 20, 21, 31, 34, 43-6, 78, 97, 98, 100, 102, 105, 161, 163, 164, 166, 167, 173, 176, 179, 180, 183, 187
BAUNILHA, 46, 54
BERGAMOTA, *VER* TANGERINA
BIFES DE VITELA, 69
BISCOITO CHAMPANHE, 107

C
CACAU, 9, 15, 16, 18, 19, 21, 31, 34, 47, 49, 59, 67, 76, 80, 103, 125, 137, 156, 157, 159, 160, 161, 163, 173, 176, 179, 180, 183, 193
CACHAÇA, 156, 158
CAJÁ, 13, 19, 20, 21, 31, 39, 51-2, 53, 62, 78, 98, 103, 109, 110, 116, 156, 157, 159, 161, 163, 164, 167, 176, 179, 181, 183
CAJARANA, 39, 53-4, 78, 161, 163, 167
CAJAZINHA, *VER* CAJÁ
CAJU, 13, 19, 20, 21, 31, 34, 39, 55-7, 62, 78, 81, 91, 100, 107, 110, 116, 137, 156, 157, 159, 161, 163, 165, 166, 167, 173, 176, 181, 183

CAMARÃO, 37, 91, 138
CAMERUNGA, *VER* CARAMBOLA
CAMPARI, 134
CANA-DE-AÇÚCAR, 15, 16, 17, 19, 21, 58-60, 144, 161
CANELA EM PÓ, 46, 150
CAQUI, 11, 191
CARAMBOLA, 13, 19, 21, 31, 61-2, 72, 78, 156, 157, 159, 161, 163, 166, 167, 173, 176, 181, 183, 186, 187
CEBOLA, 34, 37, 57, 91, 95, 138
CEBOLINHA, 34, 37, 57, 91
CENOURA, 150
CHAMPANHE, 75, 140
CHOCOLATE, 46, 49, 64
CIDRA, 166
COCO, 11, 16, 19, 39, 60, 63-4, 68, 69, 107, 110, 156, 157, 159, 163, 164, 168, 181, 183
COENTRO, 34, 57, 69, 91
COGUMELO, 37
CONDESSA, 20, 31, 103, 105, 161, 163, 179, 181, 183
CORAÇÃO-DE-BOI, *VER* GRAVIOLA
CRAVO-DA-ÍNDIA, 88, 138
CREME DE LEITE, 49, 64, 67, 107, 138, 179, 185
CREME FRESCO, 144

CUPUAÇU, 11, 119, 125, 156, 157, 159, 161, 163, 173, 176, 179, 181, 183
CURRY PICANTE, 57

D
DAMASCO, 121

F
FARINHA DE TRIGO, 42, 46, 71, 84, 100, 136, 147
FERMENTO, 46
FIGO, 131-2, 159, 163, 166, 168, 173, 176, 179, 183, 191
FRAMBOESA, 140
FRUTA-DO-CONDE, *VER* PINHA
FRUTA-PÃO, 20, 65, 67, 95

G
GELATINA, 107, 124, 179, 182
GENGIBRE, 60, 64, 69, 150
GINJA, 18
GOIABA, 18, 19, 20, 31, 39, 40, 42, 68-9, 91, 95, 105, 107, 156, 157, 159, 161, 163, 165, 166, 168, 174, 176, 179, 181, 183
GRAPEFRUIT, 11, 133-4, 156, 157, 159, 161, 163, 166, 168, 176, 181, 183
GRAPPA NONINO, 187
GRAVIOLA, 13, 20, 21, 31, 70-1, 105, 116, 156, 159, 161, 163, 173, 176, 179, 181, 184
GROSELHA, 14, 19, 31, 62, 72-3, 159, 160, 166, 168, 176, 184

H
HORTELÃ, 57, 59, 91

I
IMBU, *VER* UMBU
IOGURTE, 138, 164

J
JABUTICABA, 11, 13, 74-5, 77, 103, 156, 157, 159, 161, 163, 174, 176, 181, 184
JACA, 11, 13, 15, 16, 17, 18, 19, 20, 23, 24, 25, 27, 28, 31, 45, 49, 62, 76-7, 95, 98, 105, 138, 156, 157, 159, 161, 163, 166, 168, 171, 174, 176, 184

JACA-DE-POBRE, *VER* GRAVIOLA
JACAMA, *VER* GRAVIOLA
JAMBO, 11, 13, 21, 31, 78, 156, 159, 161, 163, 168, 176, 184
JENIPAPO, 16, 19, 20, 62, 80-1, 100, 153, 159, 160, 161, 163, 164, 165, 184
JUÁ, 13
JUÇARA, 14, 119, 126, 159, 161, 163, 184
JURUBEBA, 18, 21, 82, 159, 163

K
KAMARAGA, *VER* CARAMBOLA
KAMARAK, *VER* CARAMBOLA
KIWI, 186
KURMURUNGA, *VER* CARAMBOLA

L
LARANJA, 11, 13, 16, 18, 19, 20, 31, 59, 83-4, 86, 97, 102, 133, 140, 156, 157, 159, 161, 163, 166, 168, 174, 175, 176, 179, 180, 181, 184, 186, 187
LARANJA-CRAVO, *VER* TANGERINA
LEITE, 33, 46, 64, 109, 136, 164, 179
LEITE DE COCO, 37, 57, 63, 91
LICHI, 135-6, 156, 157, 159, 161, 163, 168, 176, 179, 181, 184
LICOR, 59, 75, 136, 144, 160
LIMA, 13, 19, 86, 133, 156, 157, 159, 161, 163, 166, 168, 176, 184
LIMÃO, 11, 19, 20, 31, 33, 37, 57, 60, 69, 71, 87-8, 105, 110, 113, 114, 134, 136, 138, 156, 157, 159, 161, 163, 165, 166, 168, 175, 176, 178, 179, 181, 184, 185, 187

M
MAÇÃ, 18, 20, 25, 129, 137-8, 142, 143, 156, 159, 161, 163, 168, 175, 176, 181, 184, 186, 187
MAHLAB, 147
MAMÃO, 11, 13, 17, 20, 31, 90-1, 121, 156, 161, 163, 166, 176, 179, 181, 184

MANDARINA, *VER* TANGERINA
MANGA, 11, 13, 15, 19, 20, 21, 31, 39, 53, 76, 78, 93, 95, 105, 107, 109, 156, 157, 159, 161, 163, 166, 168, 174, 176, 179, 181, 184, 186, 187
MANGABA, 19, 21, 31, 39, 62, 97-8, 105, 116, 137, 156, 157, 159, 161, 163, 166, 168, 174, 176, 181, 184
MANGOSTÃO, 14, 123, 139-40, 156, 157, 159, 161, 163, 168, 176, 179, 181, 184
MANTEIGA, 42, 46, 67, 69, 71, 84, 100, 109, 136, 147
MARACUJÁ, 14, 21, 88, 99-100, 107, 110, 113, 116, 156, 157, 159, 161, 163, 168, 176, 179, 180, 181, 184, 186, 187
MARMELO, 175
MATURI, 57, 153
MEL, 150, 156
MEL DE CANA, 59
MELANCIA, 11, 16, 17, 21, 78, 101-2, 105, 156, 161, 163, 168, 176, 184
MEXERICA, *VER* TANGERINA
MORANGO, 163, 191
MOSTARDA EM PÓ, 96
MUNGUNZÁ, 95

O
OVO, 42, 46, 49, 67, 69, 71, 84, 91, 100, 109, 124, 134, 136, 140, 144, 182, 184, 185

P
PAMPLEMOUSSE, *VER* GRAPEFRUIT
PASSAS, 46, 95, 138, 150, 187
PÊRA, 18, 20, 25, 129, 138, 141-2, 156, 157, 159, 161, 163, 169, 174, 176, 179, 181, 184, 186, 187
PÊSSEGO, 17, 140, 143-4, 156, 157, 159, 161, 163, 169, 174, 176, 179, 181, 184

PIMENTA, 34, 37, 67, 69, 91, 96, 138, 142
PIMENTÃO, 37, 57, 91, 142
PINHA, 13, 20, 31, 103, 105, 156, 161, 163, 179, 181, 184
PITANGA, 11, 13, 18, 21, 31, 72, 78, 91, 100, 103, 106-7, 110, 116, 135, 156, 157, 159, 160, 161, 163, 164, 169, 176, 179, 181, 183, 184, 186
PITANGA-BRANCA, *VER* GROSELHA
PITOMBA, 135, 136
POMELO, *VER* GRAPEFRUIT

Q
QUEIJO PARMESÃO, 142

R
RAPADURA, 60
RICOTA, 138
RÚCULA, 142
RUM, 105

S
SALSA, 34, 37
SAPOTA, 78, 108-9, 163, 179, 184
SAPOTI, 13, 16, 19, 31, 39, 78, 86, 105, 108-9, 144, 156, 161, 163, 166, 169, 179, 181, 184
SEMOLINA, 147
SORVETE, 164
STAR FRUIT, *VER* CARAMBOLA

T
TÂMARA, 20, 51, 52, 95, 146-7, 169, 184
TAMARINDO, 11, 110-1, 156, 157, 159, 161, 163, 169, 176, 181, 184
TAMARTA, *VER* CARAMBOLA
TANGERINA, 13, 16, 20, 31, 86, 110, 112-3, 133, 156, 157, 159, 161, 163, 166, 169, 176, 181, 184, 187
TAPEREBÁ, *VER* CAJÁ
TOMATE, 34, 37, 57, 91

U
UMBU, 13, 19, 21, 39, 72, 86, 98, 114, 116, 156, 157, 159, 161, 163, 164, 169, 176, 181, 184
UVA, 18, 20, 129, 138, 140, 143, 149-50, 156, 157, 159, 161, 163, 169, 176, 179, 181, 184, 186, 187, 191

V
VINAGRE, 34, 132, 142
VINHO, 71, 107, 134
VODCA, 158

CRÉDITO DAS FOTOS

MARIA SAMPAIO: fotos das pp. 58, 65, 68, 72, 76, 82, 97, 101, 106, 112, 131, 133, 146, 155, 157, 159, 161, 163, 165, 171, 173, 178, 180, 183; Detalhe de foto pp. 29, 33, 35, 38, 43, 47, 53, 55, 61, 63, 70, 74, 80, 83, 87, 90, 93, 103, 110, 121, 125, 126, 127, 135, 137, 139, 141, 143, 149, 167, 175, 186, 189

CÉLIA AGUIAR: detalhe de foto p. 51

SILVESTRE SILVA/REFLEXO FOTOS E TEXTOS: fotos das pp. 40, 41, 48, 66, 78, 79, 86, 94, 99, 104, 108, 117, 123, 151

Dadá e Paloma. Ilustração de Caribé (1997)

ESTA OBRA, COMPOSTA PELO ESTÚDIO
O.L.M. EM GARAMOND, TEVE SEUS FIL-
MES GERADOS NA EPS E IMPRESSA PELA
HAMBURG GRÁFICA EDITORA EM OFF-
SET SOBRE PAPEL COUCHE MATTE DA
ZANDERS PARA A EDITORA SCHWARCZ EM
DEZEMBRO DE 1997.